Encontrar tu camino a través del duelo

«Fue una bendición presenciar personalmente el amor entre Missy y su amado esposo, Barry. El vínculo que compartieron es evidente en el nuevo libro de Missy y ofrece un espacio seguro para que los lectores exploren sus emociones más profundas. Al compartir su dolor, duelo y vulnerabilidad, ayudará a quienes luchan con una pérdida a darse cuenta de que no están solos».

—Robin Roberts, copresentadora de *Good Morning América*.

«El libro *Encontrar tu camio a través del duelo* de Missy Buchanan es una obra maestra. Para quienes están de luto por la pérdida de un ser querido, sus reflexiones llegan como un bálsamo, como compartir una conversación con alguien que realmente comprende. Para todas las personas, sus palabras sirven como un recordatorio conmovedor de atesorar las pequeñas cosas en nuestras relaciones y de vivir con gratitud».

—Adam Hamilton, autor de *Wrestling with Doubt: Finding Faith*

«Esta serie sincera, poderosa y vulnerable de reflexiones sobre su propio proceso de duelo por la pérdida de su esposo amado, Barry, es un recurso valioso que ayudó a guiar mi propia vida emocional hacia la sanidad. Si su corazón está roto por la pérdida de alguien a quien ama, dese el regalo de pasar un tiempo con este libro pequeño, sencillo y lleno de unción».

—Michael Adam Beck, pastor, profesor, autor y director de *Fresh Expressions* para la Iglesia Metodista Unida

«Quien haya perdido a un cónyuge sabe que el duelo es un recorrido solitario y traicionero a través de un dolor intenso que no se alivia con respuestas fáciles ni seguridades superficiales. En *Encontrar tu camino a través del duelo*, Missy Buchanan se convierte en una compañera empática, sensible, alentadora y perspicaz en ese recorrido. Al invitarnos con gracia a la intimidad y vulnerabilidad de su duelo, nos brinda un espacio seguro para enfrentar las luchas dolorosas del duelo con una esperanza nueva y la seguridad de que no estamos solos».

—Obispo Kenneth L. Carder, profesor distinguido emérito. Ruth W. y A. Morris Williams de la Práctica del Ministerio Cristiano, Escuela de Divinidad de Duke.

«Missy Buchanan nombra los innumerables momentos, recuerdos y preguntas que muchos de nosotros experimentamos al entrar en la comunidad de quienes han perdido a un ser querido. Ella ofrece el regalo de la compañía, la comprensión y la solidaridad, una fuente de consuelo mucho más profunda que un libro de «respuestas» o de frases hechas, para quienes se encuentran en el viaje no elegido de la pérdida. Este libro es, en verdad, un compañero mientras tanteamos en la oscuridad hacia la luz prometida».

—Rev. Dra. Rebecca Bruff, autora de
Trouble the Water y *Stars of Wonder.*

«Si está experimentando el duelo por la muerte de un ser querido, especialmente de un cónyuge, la talentosa Missy Buchanan ha escrito relatos conmovedores y personales que hacen de este el mejor libro que conozco para ayudarle en este tiempo doloroso. Recomendaré este libro tan sensible y práctico a las personas en duelo que acompaño en mi práctica, así como a otras personas que están atravesando el dolor de la pérdida».

—Terry Parsons, Ph.D., D.Min., autor de *Life-Changing Stories: Reflections of a Seasoned Therapist.*

«Al acogernos en su propio camino tras la muerte de su amado esposo, Missy nos ofrece escenas reales de la vida cotidiana que abren ventanas al Espíritu que nos conecta a todos. Aunque a primera vista estos relatos puedan parecer breves y sencillos, están escritos desde la mirada experta de quien ha transitado el duelo, guiándonos desde la sensación de estar sin raíces hacia una comprensión nueva y más firme del Hogar que nos espera».

—David Crumm, editor fundador de la
revista en línea *ReadTheSpirit.com*

Encontrar tu camino a través del duelo

Un compañero de vida después de una pérdida

MISSY BUCHANAN

Traducido por Magda Velander

Encontrar tu camino a través del duelo:
Un compañero de vida después de una pérdida
Traducido por Magda Velander
Editado por Paula Companioni

Sitio web de Upper Room Books®: upperroombooks.com

ISBN: 978-0-8358-2098-1
Ebook ISBN: 978-0-8358-2099-8

Diseño de portada: Emma Elzinga, Inksplatter Design
Imagen de portada: Ilustración editada por Emma Elzinga, fuente Freepik.com
Diseño interior y composición tipográfica: PerfecType. Nashville, TN

Impreso en los Estados Unidos de América

Este libro está dedicado

a mi amado esposo, Barry.

Te amo por la eternidad, hasta el infinito, por siempre.

Índice

Introducción

Nadie quiere emprender el camino del duelo.

Mi esposo, Barry, fue tanto mi roca como mi almohada suave en esta vida terrenal. Cuando murió, quedé devastada. Inmediatamente fui a mi biblioteca personal en busca de libros sobre el duelo. Como soy escritora y conferencista sobre temas de envejecer conscientemente, ya tenía muchos recursos en mis estantes. Mi iglesia, la funeraria y amigos muy queridos me regalaron otros libros sobre el duelo. Durante los primeros meses después de la muerte de Barry, descubrí que la mayoría de estos libros no lograban mantener mi interés. Sin duda estaban bien escritos y ofrecían información útil para comprender el duelo, pero en ese momento me parecían demasiado extensos y laboriosos para mi mente dispersa y frágil. Anhelaba palabras sencillas que hablaran directamente a mi corazón roto.

Así que di un giro hacia mi propia manera de procesar el duelo. Comencé a escribir fragmentos de mi vida en los días posteriores a la muerte de Barry, como si le estuviera hablando directamente a él. La escritura se convirtió en un desahogo para el tsunami de emociones profundas que estaba experimentando mientras atravesaba esta temporada tan difícil. Sin filtros ni expectativas, simplemente escribí lo que mi corazón sentía en tiempo real.

El resultado es este libro, que no ofrece recetas ni pasos a seguir. No hay versículos bíblicos para memorizar ni tareas que completar. Se trata de explorar las emociones como un camino hacia adelante. Es una invitación para que camines a tientas conmigo en esta oscuridad del duelo.

La primera parte ofrece imágenes: momentos pequeños e íntimos que hicieron que el dolor aflorara de manera inesperada. La segunda parte comparte experiencias del duelo cotidiano, esos momentos que ya existían antes de que nuestro ser querido muriera y a los que ahora llegamos con una perspectiva completamente distinta. La última sección incluye reflexiones de las temporadas festivas del primer año después de la muerte de mi esposo. Estas secciones tienen como único propósito dar orden a las meditaciones incluidas; de ninguna manera pretenden instruir ni dirigir tu proceso de duelo.

Mi oración es que, al compartir mi propio dolor y vulnerabilidad, tú, lector o lectora, encuentres consuelo al saber que no estás solo o sola. Aunque tus experiencias serán distintas a las mías, puede que descubras que compartimos muchos pensamientos y sentimientos. Sobre todo, espero que este libro sea un lugar seguro para que explores tus emociones más profundas, mientras avanzas en este camino no deseado a través del duelo.

Parte I

Imágenes de dolor

Sillas mecedoras

Las dos mecedoras en el portal delantero están vacías ahora, excepto por los cojines coloridos apoyados contra los respaldos. Permanecen en silencio y quietas, solo se mueven si una tormenta atraviesa el lugar y las hace bailar torpemente. Pensar en ir al portal para sentarme en mi mecedora sin ti es más de lo que puedo soportar en este momento. Tengo tantos recuerdos tiernos de nuestras conversaciones al final de la tarde en ese portal. Bebíamos refrescos fríos bajo el ventilador que giraba sin cesar. Saludábamos a los vecinos que paseaban a sus perros por el parque al otro lado de la calle.

Durante la pandemia, el portal fue nuestro refugio: un lugar seguro desde el cual aventurarnos al mundo mientras el virus hacía estragos a nuestro alrededor. Nos mecíamos y soñábamos con destinos de vacaciones. Hacíamos videollamadas con los nietos. Hablábamos de los problemas del mundo y de qué íbamos a cenar.

Ahora me pregunto si algún día volverá a sentirse bien sentarme en mi mecedora, sabiendo que la tuya ha quedado inmóvil por la muerte.

◊

¿Qué es eso que antes te brindaba paz pero que ahora te resulta incómodo?

Manija de la puerta

Hoy, al salir al patio trasero para regar las flores, la manija de la puerta trasera se desprendió y quedó en mi mano. Me quedé allí de pie, sosteniéndola, preguntándome qué hacer. Era la misma manija que se había aflojado el verano pasado cuando saliste a asar brochetas de salchicha de pollo para nuestro almuerzo. No presté mucha atención a cómo la arreglaste, pero la dejaste en su lugar en solo unos minutos.

Esta vez, manipulé la manija de todas las maneras posibles, intentando que volviera a encajar. Incluso vi un video en mi teléfono celular para ver si lograba entenderlo, pero fue en vano. La manija de la puerta sigue suelta y solo el cerrojo está en su lugar para mantener la puerta cerrada hasta que descubra qué hacer a continuación.

Determinar el siguiente paso parece ser mi misión en estos días. ¿Qué hago ahora? ¿Cómo continúo? ¿A quién llamo? La vida parecía más sencilla cuando éramos dos para decidir el siguiente paso.

Reflexiona sobre un momento reciente en el que tuviste que descubrir cuál era el siguiente paso sin el apoyo de tu ser querido que ha muerto.

Servicio de gasolina

Hoy me detuve en la estación de gasolina, apoyé la cabeza en el volante y lloré.

Soy completamente capaz de poner gasolina en mi auto. Lo he hecho durante años, cuando he estado conduciendo sola y he necesitado llenar el tanque. Pero si tú y yo estábamos juntos en un viaje por carretera o haciendo diligencias por la ciudad, siempre te bajabas del auto para poner la gasolina, incluso si estabas en el asiento del pasajero. Era solo una de esas pequeñas cosas que hacías por mí como un gesto amable, un pequeño acto de amor. Recogías los vasos vacíos o la basura de la consola, limpiabas los insectos del parabrisas, revisabas el aire de las llantas.

Extraño todas las pequeñas maneras en que me hacías sentir especial… y segura.

◊

¿Qué pequeños gestos hacía tu ser querido que te hacían sentir especial o segura/o?

Tarjetas de felicitación

Hoy hurgué en tu cajón y descubrí un montón de tarjetas de felicitación que te había dado a lo largo de los años. Algunas celebraban aniversarios y cumpleaños; otras eran para el Día de San Valentín o simplemente porque sí. Al dejarme caer en el sofá para releer cada tarjeta, mi corazón se enterneció al pensar que no las habías tirado a la basura después de unos días. Debiste considerarlas algo más que una simple obligación de una fecha especial. Sin que yo lo supiera, las habías guardado en el fondo de tu cajón de calcetines.

Mientras ordenaba tarjeta tras tarjeta, me di cuenta de que cada una tenía escrita una frase familiar, con mi propia letra. Era algo que había inventado años atrás y que escribía en cada tarjeta antes de añadir mi inicial: «*Te amo por la eternidad, hasta el infinito, por siempre*». A veces sustituía la palabra *por* con el signo de multiplicación, pero el mensaje permanecía. Era mi manera de reconocer que la palabra *amor*, por sí sola, no parecía tener el peso suficiente para expresar la profundidad de mis sentimientos y mi compromiso contigo. Quería que transmitiera algo más. Mirando hacia atrás, supongo que era una costumbre un poco ingenua, pero lo sentía entonces y lo sigo sintiendo ahora.

◊

¿Qué hábito creaste a lo largo de los años para expresar los sentimientos profundos que tenías por tu ser querido?

Golpecitos en la ventana

En los años en que el nido quedó vacío, nos encantaba hacer viajes por carretera y recorrer juntos lugares nuevos. Te gustaba burlarte cariñosamente de mí por la manera en que daba golpecitos en la ventana cada vez que veía algo interesante que no quería que te perdieras. Picoteaba el vidrio y decía: «¡Mira esa casa antigua con el balcón que la rodea!» o «¿No te parece que esos molinos de viento parecen bailarines?».

Si estabas leyendo un libro o jugando en tu teléfono en el asiento del pasajero, te detenías y levantabas la vista. Si teníamos preguntas sobre algún lugar en particular, lo buscabas en Google y leías la información en voz alta.

Ya no doy golpecitos en la ventana. No hay nadie en el auto con quien compartir los paisajes ni las escenas curiosas que pasan frente al vidrio. Y se siente tan solitario.

¿Qué es eso que antes compartías con tu ser querido y que ahora te hace sentir soledad en esta etapa del duelo?

Sistema de riego

Tuve un pensamiento inquietante al abrir las cortinas esta mañana y mirar el césped que empieza a pasar del color marrón del invierno al verde: ¡el sistema de riego! El verano está en camino y no tengo ni idea de cuáles son las zonas del sistema de riego ni de cómo programar el temporizador automático. Es solo otra de esas tareas cotidianas que tú realizabas sin hacer alarde alguno. Claro, te vi trastear con él de vez en cuando, pero en realidad no presté mucha atención, salvo para avisarte cuando notaba un irrigador roto que hacía que el agua saliera disparada.

La idea de tener que aprender otra cosa nueva en esta temporada de pérdida arrastra mi ánimo como un ancla que raspa el fondo fangoso del lago. Estoy tan cansada de tener que aprender cosas que tú hacías con tanta naturalidad. Confío en que con el tiempo podré aprender a hacer la mayoría de las tareas, pero me está costando reunir el entusiasmo para hacerlo.

⸻◊⸻

¿Qué es algo que has tenido que aprender a hacer desde que murió tu ser querido y que en realidad no querías aprender?

Taza de café

Las mañanas ya no son lo mismo. Aunque todavía me levanto cuando afuera aún está oscuro, ahora no hay nadie más que yo para presionar el botón de la cafetera. Casi siempre eras tú quien dejaba preparada la cafetera la noche anterior y luego, en las primeras horas del día, me traías la primera taza de café recién hecho. Ahora, salvo por el gorgoteo ocasional de la cafetera, el silencio llena la mañana. Ya no se escucha el tintinear de tu cucharita golpeando la taza mientras le agregas un poco de azúcar a tu café. No hay nadie que me sonría y me diga: «¿Cómo dormiste? ¿Qué tienes en tu agenda hoy?».

Esta mañana, abrí el gabinete para sacar una taza y las lágrimas comenzaron a rodar por mis mejillas. La vista de esa tonta taza de café con tu programa de televisión favorito me desarmó por completo. Durante años amenacé con tirar a la basura esa taza descolorida y astillada. Pero ahora me alegra no haberlo hecho.

—◊—

¿Cuál es tu recuerdo favorito de las mañanas con tu ser querido?

Zapatos

La noche en que moriste, dejaste tus zapatos debajo de la mesa de centro, junto al sofá. Estaban en el mismo lugar donde solías quitártelos cuando nos acurrucábamos para ver un documental después de la cena o una película ligera. Durante algunos días después de tu muerte, dejé intencionalmente los zapatos debajo de la mesa porque era una imagen extrañamente reconfortante. Parecía decir que pronto asomarías la cabeza con una sonrisa tímida en el rostro y preguntarías: «¿Has visto mis zapatos?».

En tu lado del clóset, encuentro tus sandalias de playa, un par de pantuflas que nunca usaste, zapatos para caminar y dos pares de zapatos de vestir. También está la caja de madera para lustrar zapatos de tus años universitarios, junto a una silla donde te sentabas a lustrarlos los domingos por la mañana. Cuando salí al garaje esta mañana, pasé junto a tus viejos tenis gastados, destinados al trabajo en el jardín. Aún están cubiertos de barro de no hace mucho tiempo, cuando te aventuraste a un patio empapado por la lluvia, para cortar follaje fresco para el arreglo de mi mesa.

Sentí un impulso repentino de quitarme la chancla y meter el pie en uno de tus viejos tenis, como si de algún modo eso pudiera acercarte a mí. Inmediatamente, sentí una piedra en el fondo de tu zapato. La reconocí como otro recordatorio de la persistente agitación del duelo. Incluso mientras me esfuerzo por seguir adelante, estoy aprendiendo a caminar con la piedra del duelo en mi zapato.

◊

¿Qué te impulsa a seguir adelante a pesar de los constantes recordatorios del duelo?

Fuente de agua

Cuando redujimos nuestro espacio y construimos una casa más pequeña, trabajaste con un diseñador de paisajes para crear una fuente de agua única para nuestro pequeño patio trasero. Fue tu proyecto de pasión: recrear una escena de la naturaleza, una cascada de casi un metro de altura que caía sobre rocas grandes, rodeada de árboles frondosos, arbustos y plantas con flores. Siempre que el clima lo permitía, disfrutábamos almorzar juntos en el patio, escuchando los sonidos apacibles del agua al caer.

Siempre me reconfortaba saber cuánto amabas esa fuente de agua. Luego, apenas unos días antes de que murieras, la fuente de agua dejó de funcionar misteriosamente. Llamaste al técnico, quien de inmediato nos puso en una lista de espera para la reparación. Mientras tanto, el agua permaneció inmóvil y en silencio. Las rocas estaban secas y sin vida, sin el agua fresca derramándose sobre ellas. Luego moriste y mi mundo quedó en silencio.

Hoy simplemente me sentaré en este duelo y miraré hacia la fuente de agua. La fuente ya está reparada: el agua vuelve a correr sobre las rocas. Ha sido reparada, aunque mi corazón no lo ha sido.

¿Qué sonidos te recuerdan a tu ser querido que ha muerto? ¿De qué maneras has experimentado una vida seca y sin vida en el camino del duelo?

Cuéntame una historia

Siempre supiste que en el fondo soy una narradora. Amo las historias y me encantaba escuchar las tuyas incluso cuando pensabas que no eran lo suficientemente importantes como para contarlas. Si me costaba quedarme dormida, me giraba hacia ti y decía con voz infantil: «Cuéntame una historia». A menos que ya estuvieras roncando suavemente, respondías: «¿Una historia sobre qué?». Entonces yo te daba una letanía de posibilidades: «Cuéntame sobre un día de verano cuando eras niño. O cuéntame sobre tu abuelo que vivía en Colorado. ¿Cuál era tu clase favorita en la secundaria?». Me encantaba escuchar tus relatos sobre crecer en un pequeño pueblo de Estados Unidos, con calles bordeadas de árboles y un imponente palacio de justicia en medio de la plaza del pueblo. Incluso si ya había escuchado la historia antes, recibía con gusto volver a oírla.

Cuando comíamos en nuestra pizzería favorita, nos turnábamos para hacernos preguntas impresas en un mazo de tarjetas que el restaurante tenía en cada mesa. Me contabas historias sobre tu servicio en el ejército y sobre tu primer trabajo después de la universidad. Yo compartía historias de viajes por carretera y de campamentos de la iglesia de mi infancia. Al mirar atrás, lamento que haya historias que nunca llegué a escuchar. Necesitaba más tiempo para pedirte más historias.

◊

¿Qué historia desearías que tu ser querido pudiera compartir contigo ahora?

Palabras

Hay momentos en los que, mientras me preparo para ir a la cama, me doy cuenta de que no he pronunciado en voz alta ni una sola palabra en todo el día. Ni una palabra. Gracias a Dios, esos días son poco frecuentes, pero a veces ocurren. Incluso esos días están llenos de mensajes de texto, correos electrónicos y comentarios en redes sociales, pero en ocasiones no hay palabras audibles. Ninguna conversación real entre dos personas.

Para ser honesta, esos días silenciosos se sienten más fáciles en cierto modo, porque no tengo que preocuparme de que mi voz se quiebre al intentar responder a la pregunta de cómo estoy. A veces, solo escuchar esas palabras hace que tenga que contener las lágrimas hasta poder decir: «Estoy bien… hasta que no lo estoy», una frase que he tomado prestada de mi hermano, que enviudó recientemente.

No me malinterpretes. Nuestros hijos son maravillosamente atentos, pero coordinar llamadas telefónicas es complicado para todos ya que están dispersos por todo el mundo. Y, para ser honesta, hay días en los que ni siquiera tengo ganas de hablar por teléfono o de quedar con amigos. Extraño esas conversaciones sencillas contigo a lo largo del día. Estoy aprendiendo que el silencio, a veces, es una gran carga que llevar.

◊

¿Has experimentado días sin tener una conversación audible? ¿Cómo te hace sentir eso?

Firmar por costumbre

Una amiga de la iglesia se cayó y se rompió la cadera. En cuanto supe de su cirugía, fui a mi reserva de tarjetas y saqué una de «*Pensando en ti*» para enviarla por correo. Rápidamente firmé con nuestros nombres.

Ambos nombres.

Es algo tan natural hacerlo, escribir tu nombre junto al mío. Lo he hecho durante tanto tiempo. Es un hábito profundamente arraigado. Es casi como si pudiera escribir nuestros nombres juntos de un solo trazo, sin siquiera levantar el bolígrafo entre una palabra y otra.

Tuve que tirar la tarjeta y tomar otra para escribir solo mi nombre, sin el tuyo. ¿Cuánto tiempo pasará antes de que recuerde que ahora soy solo yo?

◊

¿Qué fue algo que de repente te sorprendió y te hizo recordar que tu ser querido ha muerto?

Jabón

Tal vez sea un poco extraño que una barra de jabón me haga pensar en ti. No cualquier jabón, sino tu marca favorita, la que te dejaba bien enjabonado y con un aroma limpio y fresco. Siempre preferías el jabón en barra al gel de baño para tu ducha, temprano en la mañana. Si yo estaba en la cocina preparando el desayuno mientras tú te duchabas y te vestías para el día, te acercabas sigilosamente por detrás y me dabas un abrazo sorpresa. Muchas mañanas percibía el aroma de tu cuerpo recién lavado, mucho mejor que la colonia más cara.

Ahora hay más de una docena de barras de jabón guardadas en el gabinete del baño, porque las compré al por mayor poco antes de que murieras. Las usaré, una por una, pero el aroma nunca será tan hermoso como lo era en ti.

¿Qué olor te recuerda que tu ser querido ha fallecido?

Asador en el patio

La parrilla del patio todavía está cubierta por una capa de polvo gruesa, resultado de una cuadrilla de construcción que, hace meses, preparaba el terreno para edificar una nueva casa en un lote cercano de nuestro vecindario. Durante muchos días, el polvo giraba a nuestro alrededor y dejaba una película sucia en las ventanas, los muebles de exterior y tu parrilla. Dijiste que no valía la pena limpiarla hasta que las excavadoras terminaran su trabajo.

Después de que moriste, mandé a limpiar las ventanas y lavé la mesa y las sillas. No sé por qué, pero no me ocupé de limpiar la parrilla. Ahora esa capa polvorienta es un recordatorio fuerte de cuánto ha cambiado la vida.

Ya no estás aquí para asar carnes y verduras. No estás aquí para cocinar hamburguesas para amigos o familia. La verdad es que no tengo ningún interés en asar solo para mí. Ni siquiera estoy segura de saber cómo encender la parrilla de manera segura. Tal vez eso cambie. No sé cuánto tiempo pasará antes de que quite el polvo de la parrilla del asador, o si alguna vez lo haré.

———◊———

¿Qué es algo que ya no te interesa hacer desde que murió tu ser querido? ¿Por qué?

Libros

He estado regalando tus libros, uno por uno. Muchos domingos por la mañana llevo algunos volúmenes más a la pequeña biblioteca que se creó en un rincón de nuestro salón de escuela dominical, para que los miembros de la clase interesados puedan leerlos con calma. Muchos son títulos sobre la historia de Estados Unidos, biografías o memorias. Otros son libros sobre formación espiritual o liderazgo.

Mientras reviso más títulos, me doy cuenta de que debí haberte dicho cuánto admiraba la manera en que cuidabas tu mente a medida que envejecías. Me inspiraba tu esfuerzo intencional por seguir aprendiendo y creciendo. Lo notaba cuando te reclinabas en la silla y te sumergías en un libro extenso sobre la historia presidencial de Estados Unidos. No es de extrañar que, cuando visitábamos bibliotecas presidenciales o sitios históricos durante nuestros viajes, tus ojos se iluminaban mientras compartías pequeños datos de tus lecturas.

Recuerdo la vez que visitamos a nuestra hija en la ciudad de Nueva York, no mucho después de que habías terminado un libro extenso sobre la construcción del Puente de Brooklyn. Mientras los tres caminábamos juntos a lo largo del puente, nos contabas historias sobre su construcción y los contratiempos y desafíos que enfrentaron los constructores. Es un recuerdo tierno que he guardado en mi mente. Ahora, al reflexionar sobre esos libros, me doy cuenta de cuánto me inspiraste a crecer y también a aprender.

◊

¿De qué maneras tu ser querido te inspiró a ser la mejor versión de ti mismo/a?

Camarones

Hoy estoy sentada en un restaurante de cadena del aeropuerto, esperando mi vuelo. He pedido un cóctel de camarones y una ensalada, tal como siempre lo hacíamos cuando salíamos desde esta terminal. Cuando llegan los camarones fríos sobre una cama de hielo, tomo uno, sujetándolo por la cola como si fuera un mango y lo sumerjo en la salsa roja de cóctel.

Con el primer bocado sabroso, empiezo a dudar. Tal vez debería haber pedido otra cosa esta vez. Siempre compartíamos el cóctel de camarones: cinco para ti, cinco para mí. Diez camarones grandes son demasiados para una sola persona. ¿En qué estaba pensando? De pronto siento una punzada de sobrecarga sensorial: los camarones fríos, el aroma del rábano picante en la salsa, la hermosa presentación sobre el hielo triturado.

La escena me trae el recuerdo de un juego que hacíamos al comer camarones. Tú te comías uno y luego levantabas el esqueleto como un trofeo, demostrando que habías limpiado hasta el último pedacito de carne de la cola. En este momento, puedo verte sentado frente a mí, con una sonrisita pícara en el rostro.

Ahora estoy sentada sola en la mesa del restaurante, mirando los restos de los camarones con los ojos llenos de lágrimas. Las réplicas de la muerte pueden ser tan inesperadas.

¿De qué manera la comida ha despertado en ti una respuesta emocional durante esta etapa de duelo?

Billetera

Tu billetera está en el cajón superior derecho de tu escritorio, en el mismo lugar donde la puse apenas unos días después de que moriste. Los chicos y yo la abrimos brevemente para asegurar tus tarjetas de crédito y cosas así; luego la cerramos de nuevo y la colocamos junto a la caja de cheques sin usar del banco, como si guardarla pudiera «de algún modo» encerrar también el dolor.

En ese momento no estaba preparada para ocuparme de ella, pero ahora ha llegado el momento.

Con ternura, acerco tu billetera gastada a mi rostro para oler el cuero envejecido. Aún conserva su forma ligeramente curvada por los años que la llevaste en el bolsillo trasero. La abro y veo tu rostro mirándome desde tu licencia de conducir, renovada recientemente. En los compartimentos hay tarjetas de recompensas, tarjetas de presentación, tarjetas de seguro, de farmacia y una tarjeta de regalo sin usar de un restaurante local, junto con un recibo de tu lugar favorito de barbacoa. Hay dos tarjetas de registro electoral, una vigente y otra vencida. En otro compartimento hay dos papeles cuidadosamente doblados: uno es tu licencia de bienes raíces y el otro es tu documento de baja de la Fuerza Aérea de los Estados Unidos, de hace décadas. Sonrío para mis adentros al pensar por qué te molestabas en llevar ese documento militar en la billetera. Tal vez era tu comprobante para obtener un almuerzo gratuito por el Día de los Veteranos en algún café de la zona.

En el último compartimento hay una foto de nuestros hijos, arrugada y amarillenta por el paso del tiempo. Hago un rápido cálculo mental y me doy cuenta de que tiene casi cuarenta años. Se abren las compuertas; no puedo contener las lágrimas. Revisar el contenido de tu billetera se siente como otra de esas tareas íntimas que trae consigo la muerte. Miro los restos de una vida bien vivida esparcidos sobre la mesa. Me entristece pensar que nunca podremos usar juntos la tarjeta de regalo del restaurante.

◊

¿Qué tarea has postergado porque no te sentías preparado/a para afrontarla? ¿Qué te ayudó a prepararte para hacerlo?

Encuentro incómodo

Hoy me encontré con un conocido tuyo. Era alguien a quien no conozco bien, pero recordé haberlo visto en tu funeral. No lo había vuelto a ver desde aquel día en la iglesia y parecía desear volverse invisible cuando hicimos un breve contacto visual en el pasillo de la tienda. Sentí pena por él, porque estaba claramente incómodo al estar cerca de mí. Yo hablé primero; luego él hizo un intento torpe de responder. Tal vez estaba tratando de decidir si debía mencionar tu nombre o preguntarme cómo estaba. No hizo ninguna de las dos cosas. Solo dijo algo sobre lo hermoso que estaba el día y pasó a mi lado lo más rápido posible. Incluso en ese breve encuentro, su evasión fue evidente. Me sentí como si llevara puesta una letra escarlata, una *V*, una insignia que señalaba que soy la nueva viuda del pueblo.

¿Has experimentado que otras personas intenten evitarte durante esta etapa de duelo?

Cardenal

Apenas unos días después de que moriste, una amiga condujo hasta nuestra casa para visitarme. Permaneció sentada en su auto por un rato antes de acercarse a la puerta, porque no quería espantar a un cardenal rojo brillante que estaba posado en nuestro buzón. A menudo he escuchado a la gente decir que un cardenal es un mensajero del cielo después de la muerte de un ser querido.

La verdad es que no sé si Dios tiene algo que ver con enviar un cardenal para brindar consuelo, pero sí sé que hay un cardenal al que le encanta chapotear en la fuente de agua de nuestro patio trasero. Miro por la ventana y alcanzo a verlo volar desde un árbol cercano antes de posarse en una roca grande, donde revolotea entre el agua que cae. Me hace sonreír. Por ahora, eso es suficiente.

¿Qué cosa en la naturaleza te ha sacado una sonrisa incluso en la soledad del duelo?

Trabajo en equipo y equilibrio

Hoy me estoy quedando sola en un hotel encantador en otra ciudad. Por primera vez desde que falleciste, tuve que descifrar el funcionamiento de un elaborado sistema de ducha sin tu ayuda. No estabas allí para trastear ni para explicarme cómo funcionaba ese complicado *spa* de ducha. Cuando por fin logré una temperatura y un chorro de agua aceptables, giré demasiado rápido y por un momento perdí el equilibrio. Eso me hizo pensar: ¿qué habría pasado si me hubiera caído en la ducha? ¿Quién se habría dado cuenta?

Estos días siento que estoy intentando manejar sola una bicicleta hecha para dos. Éramos más que esposo y esposa. Éramos una pareja, pero también éramos un equipo. Ahora soy solo yo, tratando de mantener el equilibrio y pedalear la bicicleta por mi cuenta. Es torpe y es difícil. Durante todos estos años, hemos estado el uno para el otro como cuidadores y animadores. Si uno de nosotros tenía gripe o se estaba recuperando de una cirugía, el otro estaba allí para llevar sopa y medicamentos. Tú empujaste mi silla de ruedas cuando me fracturé el talón. Yo te ayudé a vestirte y a ponerte los zapatos después de tu cirugía de hombro. Tú te encargabas de todas las reparaciones del hogar y yo creaba tu boletín inmobiliario. Constantemente nos apoyábamos en las habilidades y fortalezas del otro. Nos equilibrábamos y compartíamos el esfuerzo. Ahora debo intentar montar sola la bicicleta.

¿De qué manera has luchado con el equilibrio en tu vida ahora que tu ser querido ya no está para compartir el esfuerzo?

Vidrio roto

Hoy se me cayó un vaso en el suelo de la cocina. Se hizo añicos en incontables fragmentos diminutos que se dispersaron por el piso. Me quedé allí, en pijama y descalza, mirando el desastre que había hecho. En el pasado, habrías venido corriendo desde otra habitación al escuchar el estruendo. Me habrías consolado y recordado que me pusiera los zapatos. Antes de que pudiera pedir ayuda, habrías tomado una escoba, y yo habría recogido el recogedor. Juntos habríamos barrido los afilados pedazos de vidrio roto. El día que moriste, mi vida se rompió en incontables fragmentos, pero ahora no estás aquí para ayudarme a recoger los pedazos.

———◊———

¿De qué maneras te has sentido hecho/a pedazos por la pérdida de tu ser querido? ¿Cómo puedes dar espacio a un recuerdo reconfortante incluso en medio de la incertidumbre del duelo?

Rompecabezas

Hoy trabajé en un rompecabezas de 100 piezas con nuestro nieto más pequeño. Apoyamos la tapa de la caja para poder ver la imagen que intentábamos recrear. Fuimos uniendo las piezas una a una para formar el contorno del rompecabezas y luego comenzamos a completar el resto de la imagen. Mientras separábamos las piezas por color y forma, hablábamos de ti. Quería animarlo a hablar de su abuelito, a recordar los momentos divertidos que vivió contigo: jugar juegos de mesa y subir en la góndola hasta la montaña.

Mientras conversábamos, él examinaba cuidadosamente cada pieza con los dedos antes de intentar encajarla en su lugar. Pronto quedaron solo una docena de piezas por colocar, así que me recosté hacia atrás y lo dejé terminar el rompecabezas por su cuenta. Al poco tiempo anunció: «¡Falta una pieza!». Se puso de rodillas y buscó en la alfombra debajo de la mesa, pero el rompecabezas quedó incompleto.

Así es como se siente ahora que ya no estás. La imagen está incompleta. Inconclusa. Aunque las otras noventa y nueve piezas están en su lugar, mis ojos se dirigen al espacio donde debería estar la pieza que falta. Mi corazón también.

———◊———

¿De qué maneras experimentas la ausencia de tu ser querido, de formas que otros quizá no logren comprender?

Lágrimas

Desde tu fallecimiento, no ha habido un solo día en el que no haya llorado al menos una vez. Ni un solo día. No importa cuán ocupada esté: siempre ocurre algo que hace que lágrimas tibias resbalen por mi rostro. A veces es una conversación con un amigo. Otras veces es una fotografía tuya, sonriendo, que aparece de pronto en el marco digital que veo en el pasillo. A veces es abrir el buzón y encontrar una carta dirigida a ti, o buscar un clip en tu escritorio. Una cosa que estoy aprendiendo en este camino de duelo es a no tener miedo de las lágrimas. Creo que vendrán y fluirán todo el tiempo que necesiten hacerlo. No hay vergüenza en las lágrimas. Solo amor.

¿Qué tan capaz eres de aceptar tus propias lágrimas mientras atraviesas el duelo? ¿Intentas contenerlas? ¿Cuándo? ¿Por qué?

Collar de vidrio marino

Uno o dos días después de tu muerte, mis pensamientos se desplazaron de planear un servicio de celebración de vida a una pregunta sencilla y, al mismo tiempo, relevante: ¿qué debía ponerme? Aunque mi duelo era profundo, vestirme completamente de negro no parecía algo que tú hubieras deseado. Comencé a revisar mi ropa, buscando un atuendo correcto para la ocasión. Algo que no fuera ni apagado ni excesivo.

Movía las perchas con cuidado, tratando de discernir qué sería apropiado para un servicio destinado a celebrar tu vida y nuestro amor. ¿Pantalones de vestir y una blusa ligera? ¿Una falda? ¿Un vestido? En busca de claridad, abrí un cajón y encontré mi pequeña bolsa de viaje para joyas, aún sin desempacar desde nuestro regreso de Cabo, pocas semanas antes. Dentro estaba el collar largo de vidrio de mar color turquesa que me regalaste años atrás, cuando caminábamos por un encantador pueblo costero de Florida. Recuerdo cómo, de forma poco habitual en ti, te detuviste frente a la vitrina de una tienda y te quedaste mirando el collar colgado sobre un gran trozo de madera a la deriva. Dijiste con una sonrisa: «Ese collar se parece a ti. Me encantaría comprártelo, si a ti también te gusta». Mientras yo entraba a una heladería cercana para comprarnos un helado sencillo, tú entraste a la tienda y compraste el collar.

La mañana de tu servicio, me puse un traje de pantalón color turquesa y coloqué el collar largo de vidrio de mar alrededor de mi cuello. El color me llevó de vuelta a las aguas del Caribe que tanto disfrutamos en nuestros viajes a Saint John. En paz con mi elección, me miré al espejo y agradecí, con una sonrisa entre lágrimas, el rímel a prueba de agua.

◊

¿Cómo decidiste qué ponerte en el funeral de tu ser querido? ¿Hay alguna prenda o joya que te ayude a sentir su cercanía hoy?

Comida

En estos días no tengo ánimo de cocinar. Un cartón de huevos o un galón de helado suelen durar más allá de su fecha de vencimiento. Ahora que ya no estás, la alegría de cocinar se ha disipado.

Incluso antes de que murieras, cocinaba mucho menos que cuando estábamos criando a nuestra familia. En nuestros años de nido vacío, nos habíamos acostumbrado a comer fuera en nuestros restaurantes locales favoritos, varias veces por semana. De hecho, el personal nos conocía por nombre y podía predecir nuestros pedidos incluso antes de sentarnos: salmón y ensalada de espinaca en uno; tacos de *brisket* y elotes en otro. Antes de la pandemia, hacíamos juntos las compras en el supermercado. Usábamos el método de dividir y conquistar, separando la lista por pasillos y reencontrándonos en el centro antes de pasar por la caja. Durante la pandemia, aprendimos a depender del servicio de entrega a domicilio o de la recogida en línea.

Hoy en día, rara vez entro a un supermercado y mucho menos con una lista y un plan. En cambio, me he acostumbrado a pedir los víveres por internet y a preparar cosas sencillas como sándwiches de pavo y queso suizo con rodajas de manzana al lado. Tal vez algún día eleve mis hábitos culinarios. Por ahora, sin embargo, me conformo con mantener un ojo en la nutrición y otro en la simplicidad.

¿Cómo han cambiado tus hábitos de cocina y alimentación durante este tiempo de duelo?

Parte II

El duelo cotidiano

Orar en la Iglesia

Como suele hacer la gente, nos sentábamos en el mismo banco casi todos los domingos por la mañana. Incluso nos reíamos de que podíamos identificar nuestra fila sin contar los bancos, porque había un diminuto trocito de papel atrapado entre el cojín y el respaldo del banco que, de alguna manera, había pasado desapercibido para el personal de limpieza durante años. Siempre extendías la mano y tomabas la mía al comienzo de cada oración. Era una forma en que compartíamos nuestra fe, en silencio... en privado.

Ahora que ya no estás, me he cambiado a otro banco para poder sentarme entre amigos queridos que entienden cuándo, de pronto, mis ojos se llenan de lágrimas. Ahora inclino la cabeza y cruzo las manos sobre el regazo. Encuentro consuelo en mi familia de la iglesia, que me ama bien en tu ausencia. Siento su aliento y su gracia como la presencia de Dios. Aun así, extraño la calidez de mi mano en la tuya. Anhelo el ritmo familiar de nuestras mañanas de domingo.

¿Cómo has experimentado la presencia de Dios en medio de los cambios de vida que han seguido a la muerte de tu ser querido?

Regresar a casa

No hace mucho, abría la puerta desde el garaje y te escuchaba llamar desde tu oficina: «¿Cómo estuvo tu tarde?». Como un reloj, tu voz me recibía antes de que siquiera pudiera caminar por el pasillo y encontrarte girando en tu silla para mirarme.

En estos días, abro la puerta al silencio. Solo el ocasional golpe de hielo del dispensador rompe la quietud. Son momentos en los que la casa se siente especialmente inerte y quieta. Extraño tu voz. Extraño tu atención a lo que ocurre en mi vida. Extraño nuestros intercambios de comentarios sobre las cosas cotidianas. Extraño tu risa.

Mientras estiro la mano para tomar el control remoto y encender algo de música de fondo, miro de reojo una foto que aparece en el marco digital que los niños nos regalaron en Navidad. Ahí está tu rostro, irradiando vida y alegría. Lloro mientras doy gracias, incluso en medio del silencio.

◊

¿Cómo ha impactado el silencio tu camino a través del duelo?

Donar ropa

Vaciar el clóset es una tarea anual que normalmente no tomaría más de una hora. Sacaría la ropa de los ganchos y la metería sin más en una bolsa para llevarla al punto de donación. Pero este no era un día cualquiera de depurar el clóset. Era tu ropa. Tus camisas a cuadros y pantalones caqui. Tus sacos azules y camisas *oxford* abotonadas. Tus cinturones y calcetines. Los doblé con cuidado y los coloqué con delicadeza, incluso con reverencia, dentro de las bolsas. Fue un proceso lento y doloroso que emocionalmente recorrió todas las estaciones del año: desde tus camisetas de verano hasta las corbatas festivas y tus chaquetas de cuero gastadas por el tiempo.

Me impactó la manera en que algunas prendas provocaban un recuerdo inmediato. Podía verte usando ese suéter gris claro en el albergue de Sudáfrica. Esa camisa tropical era la que llevabas puesta mientras dormías una siesta en una silla reclinable, a la sombra, en nuestra playa favorita de las Islas Vírgenes. Ahora me pregunto: ¿cómo puedo simplemente envolver los recuerdos y dejarlos sin más en la caja de donaciones?

¿Cuál ha sido tu experiencia al enfrentar los objetos personales de tu ser querido? ¿Cómo has decidido qué conservar y qué donar?

Edificio médico

A veces, cosas inesperadas detonan un alud emocional.

Ayer tuve una cita médica de rutina por primera vez desde tu fallecimiento. Fui al consultorio en un complejo médico al que había ido muchas veces antes. Esta vez, sin embargo, sentí que una ola de ansiedad me invadía. El silbido del manguito de la presión arterial me llevó de inmediato a la habitación del hospital donde me senté contigo apenas unos días antes de que murieras en casa. La espera en el laboratorio para el análisis de sangre despertó recuerdos de los incontables pinchazos y procedimientos que habías soportado sin que ninguno de los dos supiera que esos serían tus últimos días.

Cuando por fin mi doctora entró a la sala de examen, me ofreció un abrazo y palabras llenas de compasión. Me derrumbé en la calidez de su abrazo.

¿Qué ha despertado inesperadamente un recuerdo difícil para ti?

Anillo de bodas

El día que nos casamos, nos entregamos anillos de boda iguales: anillos anchos de oro martillado. Eran clásicos, sencillos y resistentes. Durante las décadas que siguieron, ninguno de los dos se quitó el anillo a menos que fuera necesario por algún procedimiento médico. Incluso entonces, sabíamos que quitarnos el anillo de bodas era solo una medida temporal. Con el paso de los años, nos reíamos de necesitar una buena cantidad de jabón para ayudar a que el anillo pasara por nuestros nudillos artríticos. No recuerdo que ninguno de los dos haya perdido alguna vez su anillo, porque rara vez nos lo quitábamos.

No hace mucho estabas observando atentamente nuestras manos mientras estábamos sentados uno al lado del otro. Comentaste cómo las décadas habían transformado la textura martillada de nuestros anillos de boda, de modo que ahora estaban lisos y brillantes. Era como si la vida hubiera pulido nuestros anillos en una pulidora de piedras a cámara lenta.

Cuando la funeraria me devolvió tu anillo después de tu muerte, lo coloqué en una bolsa con cordón y lo guardé en mi cajón. Aunque prometimos "hasta que la muerte nos separe", yo seguiré usando mi anillo. El amor sobrevive a la muerte.

———◊———

¿Qué has hecho con tu anillo de bodas tras la muerte de tu ser querido? Ten la certeza de que no hay una respuesta incorrecta.

Foto en solitario

Hay una foto mía sentada sobre una roca, con las montañas Teton de fondo. Basta una sola mirada para recordarme que ya no estás del otro lado de la cámara. «Párate allí. Quiero tomarte una foto», decías cuando viajábamos solo los dos. Como no había nadie más que pudiera tomarnos una foto juntos, me colocabas frente a un paisaje especial y capturabas la imagen. En ocasiones intentábamos una *selfie*, pero casi siempre las considerábamos poco favorecedoras y borrábamos nuestros torpes intentos. Tú siempre estabas ahí, con la mirada puesta en mí. Pero ahora ya no estás.

Quiero profundamente a otros miembros de la familia que ahora asumen el papel de fotógrafos y compañeros de viaje, pero lucho con la realidad de que no eres tú.

———◊———

¿Cómo has experimentado la soledad en esta etapa del duelo?

Oficina

Vaciar tu oficina ha sido sorprendentemente difícil, más agotador emocionalmente que ordenar tu ropa o desechar objetos de los cajones del baño. Tal vez sea porque yo solía estar en esos otros espacios, guardando la ropa limpia o colocando tubos nuevos de pasta dental. Pero tu oficina era tu espacio privado, donde hacías negocios, realizabas llamadas telefónicas y subrayabas pasajes de los libros que estabas leyendo. Cuando abro el cajón superior de tu escritorio, siento una extraña punzada de culpa, como si estuviera invadiendo tu espacio personal. Estoy segura de que no guardábamos secretos importantes el uno del otro, pero me pregunto si hubo cosas que habrías querido tirar si tan solo hubieras sabido que ibas a morir pronto.

Sobre tu escritorio hay estantes llenos de premios y certificados de logros y servicio que recibiste a lo largo de los años. Hay un calendario de pared que no se ha movido desde tu muerte. Mis ojos se detienen en una pizarra blanca montada en la pared, con columnas de palabras escritas con tu letra. ¿Qué te llevó a escribir palabras como *perseverancia*, *integridad* y *alegría*? Me pregunto qué debo hacer con estos preciados vestigios de tu vida.

¿Cuándo has sentido que estabas invadiendo la privacidad de tu ser querido que ha muerto?

Club de las viudas

Nunca quise unirme al Club de las Viudas. La membresía llegó automáticamente en el momento en que diste tu último aliento.

Por primera vez en mi vida, estoy viviendo sola. No hay un hermano con quien compartir la habitación. No hay compañero de piso ni un hijo que aún viva en casa. Ni siquiera una mascota. A medida que ambos envejecíamos, tuve pensamientos fugaces sobre cómo podría ser la vida si murieras antes que yo. Aun así, nunca permití que esas imágenes echaran raíces en mi mente. Eran más bien como mariposas que se posan suavemente sobre una flor por un breve segundo antes de echar a volar. Los pensamientos de vivir sin ti eran demasiado crudos, demasiado dolorosos. Y, sin embargo, ahora son reales.

Oh, cuánto deseo poder cancelar de alguna manera mi membresía en este club de viudas.

¿De qué manera te resulta incómodo que te etiqueten como viuda o viudo?

Alegría desinflada

Hoy se siente como si una máquina industrial de sellado al vacío hubiera succionado la alegría de mi vida. Es como si el aire hubiera sido extraído, haciendo que mi alegría colapse y se encoja alrededor de lo que queda de mí. Las cosas sencillas que antes traían deleite a los días ordinarios ya no lo hacen: los «brunches» dominicales en la terraza sombreada de un restaurante del vecindario, las salidas de verano al huerto de duraznos, las escapadas espontáneas para ver cambiar las hojas en otoño y los viajes a la ciudad para asistir a un concierto. Nuestros días cotidianos estaban impregnados de alegría –una alegría compartida–. Y ahora esa alegría es tan difícil de encontrar.

¿De qué maneras has experimentado la falta de alegría tras la muerte de tu ser querido?

Vender un automóvil

Sabías que tenía una aversión a comprar y vender autos. Nunca me han fascinado las últimas marcas y modelos y, ciertamente, no me sentía cómoda negociando para obtener el mejor precio. Te reías cuando describía un vehículo por sus atributos más básicos, como una camioneta plateada o un sedán rojo. Sin embargo, cada vez que era momento de comprar un auto nuevo, siempre me pedías mi opinión, diciendo que nunca querías tomar una decisión importante sin mí. Cada vez, te aseguraba que solo tenía dos requisitos para un auto nuevo: que fuera seguro y que no fuera verde guisante metálico ni amarillo neón.

No mucho después de tu muerte, fui al garaje para revisar el odómetro y anotar el kilometraje de cada uno de nuestros vehículos, pues sabía que lo mejor sería vender uno. Salvo por el color, nuestros autos eran idénticos y habían sido comprados el mismo día. Tal como había supuesto, el mío tenía mayor kilometraje, ya que era el que usábamos para los viajes por carretera. Pensar en mandar a limpiar mi carro a fondo, negociar con desconocidos y encargarme del papeleo me revolvía el estómago. Me sentía tan inexperta, incluso a mí ya avanzada edad. Temía que surgieran preguntas para las que no tuviera respuestas. Mi mente se llenó de pensamientos sobre posibles compradores dispuestos a aprovecharse de una viuda ingenua.

Entonces pensé en tu amigo, quien se dedica con frecuencia a la compra y venta de autos de lujo. Aunque mi auto no pertenecía a esa categoría, esperaba que estuviera dispuesto a orientarme en el proceso.

Reuniendo una gran bocanada de valentía, tomé el teléfono y pedí ayuda.

◊

¿Qué es algo para lo que podrías pedir ayuda a un amigo con conocimiento en ese tema?

Día de la Basura

Es día de sacar la basura y yo todavía estoy en pijama.

Desde el día en que nos casamos, tú sacabas la basura los lunes por la mañana como un reloj. Llevabas las bolsas y los contenedores pesados hasta la acera, sin quejarte nunca. Ahora me toca a mí recordar si es día de basura o de reciclaje. Soy responsable de vestirme en las primeras horas del día y de arrastrar con esfuerzo el contenedor o las bolsas de reciclaje. Sé que a veces te decía «gracias», pero ahora me pregunto si lo hice lo suficiente. ¿Recordé decir «gracias» por todos esos actos desinteresados de amor y servicio?

Hoy daré gracias por tu vida mientras llevo el contenedor de reciclaje hasta la acera.

———◊———

¿Qué actos desinteresados de amor hizo tu ser querido por los que desearías poder darle las gracias incluso ahora?

Mensajes de texto

Nos divertimos en esta vida, tú y yo. Una diversión tranquila, cómoda, que surgía con facilidad cuando los hijos ya habían crecido y solo quedábamos nosotros dos para entretenernos mutuamente. Vuelvo a pensar en esos momentos en los que yo estaba trabajando en mi laptop y me interrumpía la notificación de tu mensaje entrando en mi teléfono, con una pregunta ya familiar: «*¿Qué estás haciendo?*». Estabas a solo unos pasos, al final del pasillo. Yo estaba lo suficientemente cerca como para oírte, pero elegías mandar un mensaje en lugar de gritar, porque eso nos hacía sonreír a los dos.

Extraño esos mensajes sobre la vida ordinaria. Hoy deslicé el dedo por mi teléfono para leer los mensajes que me enviaste durante los últimos meses. Como si fuera una señal, mis ojos se llenaron de lágrimas tibias. Ay, cuánto extraño saber que estás ahí, apenas al final del pasillo.

¿Qué es algo ordinario, incluso un poco tonto, que extrañas de tu ser querido?

Acordeón

Hay algo que he aprendido desde que moriste: el duelo es como un acordeón. Hay momentos en los que quiero abrir el fuelle y forzar el aire dentro de mi ser cansado, así que me ofrezco como voluntaria para ayudar en un proyecto misionero de la iglesia. Me reúno con amigos para almorzar y dejo que su amabilidad me distraiga y, a la vez, me llene. Hago un viaje corto con los hijos y los nietos y me deleito en sus risas. Puedo sentir cómo mi vida se expande.

Luego llega un momento en el que estar con la gente empieza a resultar abrumador. La conversación se vuelve tediosa y me drena la energía. La tristeza oprime y comprime mi espíritu. De pronto, estoy desesperada por retirarme a la soledad. Quiero ponerme el pijama y escapar del ruido y de la normalidad de las vidas de otras personas. Como un acordeón, es un ir y venir, hacia afuera y hacia adentro. Expandirse y comprimirse.

¿Has experimentado un ritmo similar del duelo?
¿Hay alguna imagen, como la de un acordeón,
que te ayude a pensar en el duelo?

Una forma diferente de duelo

Tu muerte me golpeó de una manera distinta a la muerte de mis padres ancianos. Aunque sus muertes no fueron menos significativas para mí, lo que estoy viviendo ahora tras tu muerte se siente diferente.

Tal vez sea porque tu muerte fue más inesperada y tuve menos tiempo para prepararme. Acompañé a mis amados padres mientras atravesaban las difíciles transiciones de la vejez. Los vi luchar con los problemas de salud y las pérdidas que vienen con una vida muy larga.

Tal vez sea porque tú aún estabas vivo cuando mis padres murieron. Estuviste a mi lado mientras los enterrábamos y en los días que siguieron. Los amabas tanto como yo y lloraste su partida conmigo. Al despedirlos, sentí un cierto alivio al saber que ya no tenían sufrimientos físicos. Pero, a pesar de las lágrimas y la tristeza que acompañaron sus muertes, no me sentí tan sola como me siento ahora. Tu muerte me ha dejado sintiéndome más desorientada y vulnerable mientras trato de adaptarme a esta nueva normalidad sin ti en mi vida.

¿Cómo has vivido la muerte de tu cónyuge de manera diferente a las muertes de otros familiares o amigos cercanos?

Dormir

¿Dónde duermo ahora que has muerto y estoy sola? ¿Duermo en mi lado habitual de la cama? ¿Intento moverme al centro? Ni siquiera puedo imaginar dormir de tu lado; tu libro y tu reloj siguen en tu mesita de noche. De algún modo, parece incorrecto, pienso. Supongo que es algo pequeño en el gran esquema de la vida, pero también resulta desorientador después de años de una rutina nocturna. No ha habido tiempo suficiente para crear un nuevo hábito.

Esta noche seré amable conmigo. Intentaré quedarme dormida en el sofá, viendo una película que me haga sentir bien. Habrá tiempo para ir descubriendo mi nueva normalidad.

◊

¿Cómo ha cambiado el duelo tus hábitos de sueño?

Baile de bodas

Es la primera boda a la que asisto desde que moriste. Se siente tan extraño estar sola y sentada en una mesa del banquete con personas casadas que, con mucha amabilidad, hacen todo lo posible por incluirme en la conversación. Empieza la música y las parejas se mueven por la pista de baile. Y entonces sucede: una melodía romántica y lenta que tanto te gustaba. Puedo imaginarte levantándote de la silla y tomando mi mano para llevarme a la pista de baile.

En lugar de eso, me quedo en silencio, a la luz titilante de las velas entre los exuberantes arreglos florales y me seco los ojos con la servilleta de lino. En esta vida, no habrá otro baile lento contigo. Nunca volverás a hacerme girar ni a inclinarme con esa sonrisa traviesa en tu rostro. Esos días se han ido para siempre, excepto en mi memoria.

◊

¿Qué te ha llevado a lamentar la pérdida del romance?

Mensaje de voz

Había temido hacer esto durante tanto tiempo, pero sabía que ya era hora. Fui a mi celular y busqué los mensajes de voz que me habías dejado en los últimos meses. Sabía que volver a escuchar tu voz desataría una oleada de emociones, pero no estaba preparada para oírte decir con una voz dulce y animada: «Llámame cuando puedas para poder escuchar tu voz». De inmediato, comencé a sollozar desde lo más profundo de mi espíritu.

El mensaje no era lo que yo esperaba. No era un recordatorio para comprar sellos en la oficina de correos ni un aviso de que te reunirías con un cliente a las 3 p. m. En cambio, era una búsqueda tierna de conexión conmigo: querías escuchar mi voz. Fue un recordatorio contundente de que nunca volvería a escuchar tu voz.

Finalmente, me levanté del sofá, pero continué con un llanto gutural mientras encendía la ducha y dejaba que el agua corriera sobre mí como si de alguna manera pudiera lavar la agonía. ¿Cómo puede un mensaje de voz traer tanto dolor y consuelo al mismo tiempo?

Recordé el día en que dejaste ese mensaje y me di cuenta de que yo estaba en un viaje de una noche por un evento de oratoria. ¿Cómo ibas a saber que escucharía tus palabras una y otra vez después de que ya no estuvieras? Aunque estoy tan agradecida por la grabación, la idea de que nunca volveré a escucharte hablar en esta vida me ha dejado destrozada.

———◊———

¿Has escuchado los mensajes de voz que te dejó tu ser querido? ¿Cómo fue tu experiencia?

Ya no somos dos

Ayer conduje quince millas hasta un pueblo cercano para evitar comer sola en un restaurante local. En ese momento, simplemente no quería ser el tema de las conversaciones en susurros de personas que me conocían y que sentían lástima por mi nuevo papel en la vida. No quería hablar de cómo estoy después de tu muerte. Solo quería una enchilada.

Fue una decisión espontánea, sin tiempo para coordinar un encuentro con un amigo o una amiga. También fue un recordatorio contundente de que ya no formo parte de una pareja. Tú y yo solíamos salir a comer juntos. Nos sentábamos uno frente al otro en los reservados del restaurante y en los asientos B y C del avión. Nuestras rodillas se rozaban bajo la mesa de la escuela dominical. Caminábamos juntos por el pasillo de la iglesia para recibir la Comunión. Nos cepillábamos los dientes uno al lado del otro y compartíamos un clóset. Ahora soy una sola persona en un mundo de parejas.

Hace apenas unos días, me encontré con un esposo y una esposa teniendo una discusión animada mientras hacían las compras del supermercado. Se menospreciaban mutuamente con palabras cortantes, con palabras hirientes. Desesperadamente, quise llevarlos aparte y susurrarles: «Por favor, no desperdicien el tiempo que tienen juntos. No pierdan la oportunidad de animarse mutuamente en lugar de atacarse. No dejen que una discusión trivial les robe un tiempo precioso. Se irá demasiado pronto».

———◊———

¿Cómo has intentado escapar de la presión de ser una sola persona en un mundo de parejas?

Sincronizar calendarios

Cada cierto tiempo, hacías un anuncio: «Saca tu calendario y sincronicémonos». Aunque tú llevabas tu agenda en tus dispositivos digitales, yo todavía prefería un calendario en papel, así que nos sentábamos juntos y revisábamos nuestros horarios personales, de trabajo y de ministerio para las siguientes semanas o meses, asegurándonos de que cada uno estuviera al tanto de las próximas reuniones del otro, citas médicas, entrevistas para pódcast y eventos de conferencias.

El día que moriste, nuestros calendarios estaban repletos de compromisos: un viaje de ministerio fuera del estado para mí, reuniones por Zoom y cierres inmobiliarios para ti. De repente, todo se detuvo en seco cuando enfoqué mi atención en planear tu servicio de celebración de vida y coordinar los planes de viaje de la familia.

Todo en mi vida se detuvo, pero no fue así para los demás. El día que moriste, los vecinos siguieron sacando la basura y quedaron atrapados en el tráfico al cruzar el lago hacia la ciudad. La gente celebró cumpleaños y aniversarios, mientras yo hacía llamadas a seres queridos, apenas logrando pronunciar la palabra: «Murió». Ahora recorro las redes sociales y veo fotos de tus colegas de trabajo celebrando premios, pero tú no estás allí. Veo recuerdos que aparecen en la pantalla y me recuerdan lo que estabas haciendo en esa misma fecha del calendario hace un año o cinco años.

El duelo no es lineal. No se puede programar en el calendario. Y no se puede evitar simplemente pasando la página del calendario.

◊

¿Cómo ha cambiado la muerte de tu ser querido tu relación con el calendario y la manera en que organizas tu vida?

Sueños no cumplidos

Abrí la caja de seguridad ignífuga para guardar algunos documentos y vi nuestros pasaportes encima de otros papeles. Los habíamos renovado recientemente y estaban guardados en una bolsa plástica junto con nuestros documentos de *Global Entry*, con la esperanza de que los viajes internacionales fueran lo más fáciles posible.

Teníamos el sueño de llevar a los hijos y a los nietos a nuestro *resort* favorito en el Caribe una vez que fuera reconstruido tras los daños del huracán. Queríamos que experimentaran el agua turquesa y las playas blancas en forma de medialuna, bordeadas de palmeras, de las que tanto hablábamos. También habíamos considerado hacer un viaje para visitar a nuestra hija en Europa, a pesar de las preocupaciones por las rodillas artríticas y los largos vuelos transatlánticos. Pero, como tantas otras cosas, estos son sueños que nunca se cumplirán. No nos sentaremos juntos a aplaudir cuando nuestros nietos se gradúen de la secundaria. No bailaremos juntos en sus bodas ni haremos ese crucero fluvial por Europa. Esos sueños quedarán incumplidos.

Aunque todavía podría hacer esos viajes por mi cuenta, sé que no sería lo mismo. El sueño de hacer las cosas juntos se ha desvanecido. Me queda la pregunta de si los lugares felices de nuestro pasado volverán a traer felicidad ahora que ya no estás.

◊

¿Qué sueños compartían tú y tu ser querido que quedarán sin cumplirse?

Tecnología

La tecnología tiene una extraña intersección con la muerte. No hace mucho tiempo, familiares y amigos habrían llamado por teléfono para compartir la noticia de tu muerte. Pero la mañana en que moriste, la mayoría de las personas se enteraron por un mensaje de texto, un correo electrónico o una publicación en redes sociales. Incluso antes de que el director de la funeraria saliera de nuestra casa, mi teléfono ya estaba lleno de mensajes de condolencia. En verdad, responder a esos mensajes de amigos fue menos estresante que contener las lágrimas una y otra vez en una serie de llamadas telefónicas.

Sin embargo, también he descubierto que tu «vida digital» después de la muerte plantea un desafío inquietante. Aunque ya no estás en esta tierra, tu presencia en línea no ha desaparecido. Los mensajes de voz y de texto siguen acumulándose mientras nuestros hijos y yo esperamos apagar tu teléfono de manera definitiva, hasta estar seguros de que hemos recuperado toda la información que podríamos necesitar. Durante semanas después de tu muerte, los correos electrónicos seguían llegando a tu computadora. Hubo que encontrar contraseñas actualizadas. Hubo que cerrar cuentas o transferirlas a mi nombre. En lugar de imaginarte reunido con los santos en esa nube de testigos, sigo pensando en tu nube digital.

Poco después de tu muerte, les pedí a nuestros hijos que eliminaran tu página de Facebook para que la notificación de tu próximo cumpleaños no circulara entre tus amigos en redes sociales. Es tan perturbador ver a personas publicar felicitaciones de cumpleaños a alguien que ha muerto. Incluso ahora, los recuerdos contigo que aparecen en mis propias redes sociales me toman por sorpresa. A veces las fotos me hacen sonreír; otras veces, se sienten como un golpe en el estómago. La tecnología ciertamente ha cambiado el mundo. Simplemente nunca esperé que cambiara la manera en que vivo el duelo.

◊

¿Cuáles han sido tus experiencias con la tecnología y el duelo?

Culpa

Por alguna razón, mi mente sigue regresando a los últimos días de tu vida. Desearía poder desviar fácilmente mis pensamientos de las imágenes dolorosas de la muerte y la pérdida, pero, como un río que no se puede controlar, mi mente exige su propio camino. Así que hoy he decidido dejar que mis pensamientos serpenteen hacia lugares a los que preferiría no ir. Dejaré que el dolor y la culpa se desborden de las orillas, sabiendo que el sufrimiento disminuirá con el tiempo.

Aunque entraste y saliste del hospital durante un lapso de dos semanas, no creo que ninguno de los dos supiera que tu muerte estaba tan cerca. Si tuviste esos pensamientos, no los verbalizaste. Parecía que ambos estábamos enfocados en un plan para devolverte la buena salud. Ahora que ya no estás, me pregunto si hice todo lo que pude para ser la mejor cuidadora y la esposa que merecías. ¿Hice lo correcto? ¿Hice las preguntas correctas al personal médico? ¿Te hablé con la mayor compasión y amor? Sé que lo intenté, pero ciertamente podría haber hecho más.

Tal vez debería haber pasado cada noche en la silla junto a tu cama en lugar de dormir en un hotel a unas pocas cuadras del hospital. Tal vez debería haber exigido una prueba más o una respuesta más. Hay una fuerte corriente subterránea de «¿y si…?» en los divagares de mi mente. Es como un estuario donde el agua dulce se mezcla con el agua salada de la marea del océano. En estas aguas salobres de mi mente, la culpa se entrelaza con el duelo. Entonces, hago una pausa y recuerdo el carácter del hombre que sé que eras: un hombre que habría extendido gracia y perdón.

◊

¿De qué maneras te sientes culpable por la pérdida de tu ser querido? ¿Te estás ofreciendo gracia y perdón a ti mismo/a?

Garaje

Casi todos los días entro al garaje con buenas intenciones de ordenarlo y barrerlo. Pero, en lugar de hacerlo, cierro la puerta y me convenzo de que lo haré después. Como tantas cosas en la vida, el garaje estaba impecable y bien organizado cuando nos mudamos por primera vez. Con el tiempo, las cosas se fueron acumulando y el garaje se volvió un poco más desordenado. Hay churros de piscina colgados de un gancho en la pared y un asiento de auto para el nieto más pequeño apilado sobre una caja de luces navideñas para exterior. Hay un árbol de Navidad extra que quedó de cuando se preparó una casa para mostrarla durante las fiestas. Hay latas de pintura y herramientas de jardinería, una carretilla y un esparcidor de fertilizante, aunque ahora una empresa de jardinería se encarga del mantenimiento del jardín.

El garaje era tu territorio. A donde mire, hay recordatorios de ti. Nunca te gustó que el garaje estuviera desordenado y hablabas de tu plan para reorganizarlo, pero entonces moriste. Ahora no estoy segura de qué donar. ¿Qué cosas podría necesitar en el futuro? ¿Qué hago con tus viejos letreros personalizados de bienes raíces o con tu enorme gabinete de herramientas? Por ahora, caminaré entre el desorden hasta que mi corazón esté listo.

◊

¿De qué maneras el desorden ha impactado tu vida en los días posteriores a la muerte de tu ser querido?

Momentos mágicos

Temprano esta mañana, una serie de imágenes se deslizó por mi mente nublada mientras el mundo aún dormía. Era como un sueño, pero mejor, porque estas imágenes en movimiento capturaban momentos mágicos que habían ocurrido en nuestra vida juntos.

En una escena, estábamos bailando bajo un dosel de luces blancas en la recepción de la boda de nuestro hijo en la región montañosa de Texas. En otra, estabas dando el brindis en la boda de nuestra hija en un viñedo de California. Luego estabas riendo con nuestra hija menor en un momento al atardecer en un restaurante de Central Park, donde celebrábamos su nueva aventura profesional. Había otras imágenes: cuando éramos las únicas dos personas en una playa de arena blanca como el azúcar; cuando nos turnábamos para acunar por primera vez a un nieto recién nacido; cuando nos reunimos con toda la familia alrededor de una mesa en una casa magnífica de troncos en Utah para celebrar tu cumpleaños.

La vida está hecha de innumerables días ordinarios que son interrumpidos por momentos mágicos de pura dicha. Esos momentos mágicos parecen tan perfectos que uno se pregunta cómo podría la vida ser aún mejor. Ahora que ya no estás, me pregunto si volveré a tener alguno de esos momentos tan especiales. La esperanza y la fe me dicen que sí, pero es difícil imaginar esos momentos sin ver la magia reflejada en tus ojos.

◊

¿Cuáles son los momentos mágicos de su vida juntos que convertirías en un video si pudieras?

Hijos y nietos

La otra mañana, envié un mensaje de texto a nuestros hijos adultos para decirles que no estaría contestando el teléfono ese día. No quería que se alarmaran si llamaban y yo no respondía. Cada uno de ellos ha sido muy amoroso y solidario durante esta difícil etapa tras tu muerte, y también están lidiando con su propio duelo. Estarías tan orgulloso de su dedicación. Ellos se aseguran fielmente de saber cómo estoy; llaman y envían videos divertidos de los nietos. Amablemente me invitan a acompañarlos en sus viajes. Los nietos mayores me mandan mensajes dulces y el más pequeño me hace videollamadas, pero estar separados por cientos, incluso miles de millas, ha sido difícil.

Aun así, en esta mañana de sábado, no quería hablar con nadie. Incluso antes de que saliera el sol, me di cuenta de que iba a ser uno de esos días. Un recuerdo había desatado inesperadamente mis lágrimas. En lugar de resistirme, les envié un mensaje a los chicos y les dije: «Estoy bien, pero quiero que sepan que hoy es uno de esos días difíciles en los que no puedo hablar sin llorar, así que no quiero intentarlo».

No quería responder llamadas ni mensajes, ni siquiera ver videos adorables de nuestro nieto tirando piedras al río. Simplemente sentí la necesidad de sentarme a solas con mi dolor y permitirme estar triste por un rato y así lo hice.

Me quedé todo el día con ropa cómoda de casa y dejé que mis emociones siguieran su curso. Cuando pasaba frente a un espejo, me sobresaltaba ver mi rostro hinchado y mis ojos inflamados. Tenía la nariz tan congestionada que apenas podía respirar por la boca. Para cuando llegó el final de la tarde, estaba emocionalmente agotada, pero me di cuenta de que me sentía mejor. Me sentía más ligera y más clara. A veces la esperanza viene envuelta en lágrimas.

¿Cómo te has permitido vivir un día «difícil» en tu vida? ¿Cuál fue el resultado?

Si lo hubiera sabido

Si hubiera sabido que ese día iba a ser el último, habría luchado entre los sollozos para decirte una vez más cuánto amaba ser tu esposa y tu mejor amiga en esta vida terrenal. Me habría acurrucado contigo por más tiempo y te habría susurrado cuánto admiraba tu integridad, tu generosidad y tu ternura. Nuestros hijos y nietos se habrían reunido a tu alrededor y te habrían abrazado con fuerza mientras te daban las gracias por ser un padre y abuelo tan fiel. Con el corazón roto, habríamos llorado mientras compartíamos historias, pero también habríamos reído. Habría servido pastel de coco y puesto tu música favorita de los años cincuenta mientras bailábamos descalzos en la cocina por última vez. Al sentir que esos momentos finales se escapaban, habría hecho todo lo posible por expresar en voz alta una oración de gratitud a Dios por habernos permitido encontrarnos tantos años atrás. Entrelazando tus dedos con los míos, simplemente nos habríamos quedado juntos, tomados de la mano. A través de rostros surcados por lágrimas, creo que habríamos sonreído, nos habríamos besado para despedirnos, sabiendo que volveremos a abrazarnos en el otro lado.

¿Cómo completarías la frase:
«Si lo hubiera sabido___________»?

Parte III

El duelo a lo largo del año

Día de Año Nuevo

El nuevo año llega con expectativas esperanzadoras de un nuevo comienzo, pero este año es un inicio que nunca quise. El reloj avanzará, pero mi corazón no. ¿Cómo puedo alegrarme por un nuevo año que tú nunca conocerás?

Con pocas excepciones, nos quedábamos en casa en la víspera de Año Nuevo. A ninguno de los dos nos gustaban las fiestas nocturnas ni conducir por carreteras llenas de personas que habían bebido demasiado. En nuestra etapa de nido vacío, solíamos celebrar con una fiesta para dos frente a la chimenea. Estábamos contentos con usar los inevitables gorros de fiesta y brindar tranquilamente por el Año Nuevo, solo nosotros dos. Luego, si lográbamos mantenernos despiertos, veíamos la televisión para presenciar la caída de la bola en la ciudad de Nueva York. El Día de Año Nuevo solía estar lleno de fútbol americano y desfiles. No eras un gran fanático de comer frijoles carita en Año Nuevo, una tradición de mis raíces texanas. Sin embargo, los comías con gusto por buena suerte si los preparaba en una sopa de nueve frijoles, servida con pan de maíz caliente y mantequilla.

Este año no habrá olla de sopa ni frijoles carita. Siento que mi suerte se terminó el año pasado, el día en que moriste. Y, además, una gran olla de sopa sería un desperdicio. No habrá gorros de fiesta, ni ropa brillante, ni propósitos bien pensados. Saldré adelante, pero no puedo reunir entusiasmo por el comienzo de un nuevo año cuando tengo que vivirlo sin ti.

◊

¿Cuáles son tus sentimientos acerca de celebrar el Año Nuevo ahora que tu ser querido ha fallecido?

Días grises de invierno

Sabías cuánto me disgustaban los días grises de invierno, especialmente cuando se acumulaban uno tras otro como una larga fila de dominós esperando que alguien derribara el primero. Más de una vez me escuchaste quejarme de que los días sin sol afectan mi ánimo. Ahora me doy cuenta de que vivir tu ausencia en invierno se siente como una carga doble.

En estos primeros meses del año, el mundo parece poco acogedor. Las alegres luces navideñas han desaparecido y el paisaje está pintado en tonos de tristeza: niebla, humo, peltre y pizarra. Los árboles sin hojas son siluetas oscuras contra el fondo gris. Aparte de algunos pensamientos amarillos que luchan por sobrevivir, no hay señales de vida colorida a la vista. No es de extrañar que sea tan fácil sentirse triste.

Los presentadores de noticias en la televisión advierten sobre los peligros de la gripe y las infecciones respiratorias. El meteorólogo anuncia una tormenta invernal y empiezo a hacer una lista mental de todas las cosas que tú harías para prepararte ante la posibilidad de tuberías congeladas o un corte de electricidad.

Hoy mi vida se siente cubierta por una gruesa capa de hielo que hace que las ramas de los árboles crujan y se quiebren.

Me rendiré al abrazo del invierno. Hibernaré y me pondré la capucha sobre el cabello sin peinar. Tal vez prepare una taza de tu chocolate caliente favorito y la sostenga con ambas manos para sentir el calor, como tú solías hacerlo. Pero al caer la tarde, prometo salir y respirar el aire fresco. Llenaré lo profundo de mis pulmones y dejaré que el frío del invierno roce mi rostro antes de volver a entrar. Sé que, en medio de este profundo dolor y soledad, tú me recordarías que la primavera volverá.

¿Cómo ha impactado el invierno tu camino de duelo?

Día de San Valentín

Por más que quisiera fingir que el 14 de febrero es solo un día cualquiera, los anuncios en la televisión y en las redes sociales lo hacen imposible. Antes de que se guarde el brillo navideño, comienzan los comerciales de San Valentín de flores, chocolates y joyas. En uno de los anuncios, una mujer con mirada soñadora jadea de sorpresa cuando su amado abre una caja con un anillo y se arrodilla. En otro, una pareja enamorada se balancea al ritmo de la música en una azotea de la ciudad, iluminada por velas. Mi anuncio favorito termina con una pareja mayor caminando por la acera, del brazo.

Ahora que no estás, ¿cómo se supone que me emocione por un día que celebra a las parejas enamoradas? Soy consciente de que los anuncios de San Valentín buscan manipular mis emociones, y lo logran. Cada uno es un doloroso recordatorio de lo que perdí cuando moriste. Tal vez debería existir una línea de tarjetas de San Valentín con corazones con grandes grietas en el centro, corazones hechos pedazos en un millón de fragmentos o globos en forma de corazón que se elevan al cielo después de soltarse de la mano de un ser querido.

Alguien me dijo recientemente que debería pensar en el Día de San Valentín como una celebración de todo tipo de amor, no solo del amor romántico. En mi mente sé que eso es verdad, pero es difícil superar las imágenes tan sensibles que giran en mi imaginación. Así que hoy llevaré una merienda de San Valentín a una amiga mayor que ha sido viuda por más de dos décadas. Nos sentaremos en su habitación en el hogar de ancianos y celebraremos lo afortunadas que fuimos en el amor.

◊

¿Cuáles son tus sentimientos acerca del amor romántico en esta etapa de pérdida? ¿Cómo planeas pasar el Día de San Valentín este año?

Miércoles de Ceniza

Esta noche, nuestro pastor mojó su dedo en el pequeño recipiente de cenizas y dibujó la muerte en mi frente. Era áspera y gris, otro recordatorio de que tú, mi amado, has fallecido. Tu cuerpo ahora es ceniza y, un día, el mío también lo será. No hay forma de escapar de la realidad del Miércoles de Ceniza. Toda gira en torno a la muerte y al morir. «Somos polvo y al polvo volveremos».

Recientemente, escuché a algunos amigos hablar sobre lo que planeaban dejar durante la Cuaresma como símbolo de sacrificio. Algunos dejarán el azúcar o los postres. Uno se mantendrá alejado de las redes sociales durante los próximos cuarenta días. Otra sacrificará su café de la mañana. Pero cuando pienso en esa pregunta para mí, me impacta la magnitud de lo que ya he dejado: a ti. No quería perderte, pero no tuve elección. Me pregunto cómo se compara dejar la cafeína por la mañana con perder al amor de tu vida. De repente, mi mente se llena con el pensamiento del sacrificio de Dios. Tal vez el Miércoles de Ceniza, como el duelo, es un paso necesario hacia la sanidad y la plenitud.

◊

¿Cómo estás abrazando intencionalmente el dolor del duelo para poder seguir adelante?

Día de impuestos

Dicen que nada es seguro, excepto la muerte y los impuestos. Hoy eso parece especialmente cierto. Tú eras el experto en finanzas, un auditor financiero en tu primera carrera. Te encantaban los números y a mí me encantaban las palabras. No es de extrañar que tú te encargaras de todos los detalles de declarar nuestros impuestos. A partir de enero, tomabas la mesa del comedor como estación de organización, con montones de papeles y recibos. Después, pasabas horas frente a tu computadora portátil antes de imprimir el documento final, que luego intentabas explicarme antes de pedirme que firmara en la línea indicada.

Y luego te fuiste, dejando un cajón lleno de papeles y recibos, y una agenda de bolsillo donde llevabas registro de tus kilómetros recorridos por trabajo. Presentar los documentos de impuestos sobre la renta era lo tuyo, no lo mío. Incluso el vocabulario me resulta desconocido e intimidante. Pero no tengo otra opción que aprenderlo o buscar ayuda.

Tu muerte ha sacado a la luz cosas que no sabía. Hay momentos en los que me siento abrumada por mi propia inexperiencia. Sin embargo, estoy aprendiendo que está bien apoyarme en la experiencia y la ayuda de otras personas. Hoy, llamé a un contador público local y llevé una caja de documentos a su oficina. Ya me siento mejor, solo con saber que no estoy atrapada.

¿Cómo ha revelado la muerte de tu ser querido cosas que no sabías?

De Viernes Santo a Pascua

Me dije a mí misma que necesitaba asistir al servicio de Viernes Santo en la iglesia. A menudo he dicho que no se puede experimentar plenamente la alegría de la mañana de Pascua sin antes vivir el sufrimiento de Jesús en la crucifixión. Todavía creo en esa verdad. Sin embargo, este año es diferente; y jugué con la idea de usar el duelo como excusa para quedarme en casa. Pero de todos modos fui al servicio de Viernes Santo. Me senté en el santuario en penumbra durante el servicio de *Tenebrae* y sentí cómo mi luz interior disminuía a medida que se apagaba cada vela. Cuando el servicio terminó, nos pidieron salir en silencio. En realidad, fue un alivio. Agradecí no tener que hablar con nadie mientras caminaba hacia el estacionamiento.

Estas semanas previas a la Pascua han sido una mezcla emocional. Mi mente ha estado llena de imágenes de muerte y de la crucifixión, junto con pollitos y canastas de Pascua llenas de dulces. Me obligué a decorar la mesa del comedor con mi colección de nidos de pájaros, cada uno sosteniendo huevos azul pálido con motas. Coloqué los conejos decorativos altos en el porche delantero, tal como lo he hecho en años anteriores. Pasé por todos los movimientos y emociones de prepararme para la Pascua. Entonces llegó el domingo por la mañana. El santuario estaba lleno de lirios. Los niños llegaron con sus zapatos nuevos y ropa en tonos pastel. La gente se abrazaba y se daba bendiciones de «¡Feliz Pascua!». Sonaban las trompetas y los timbales, el coro cantaba, y la historia de la Resurrección era proclamada con gozo.

Mi corazón se sentía tan vacío como la tumba. La alegría volverá, lo sé. Pero por ahora, debo confiar en la historia de la Resurrección, «porque Él vive».

¿Cómo has transitado la Semana Santa ahora que tu ser querido ya no está? ¿Qué sentimientos despierta en ti la Pascua este año?

Día de la madre

Les dije a los hijos y a los nietos que estaría bien. Están dispersos por todo el mundo y estaba segura de que podría sobrellevar este Día de la Madre sin ellos, ya que los vería en menos de un mes. Aun así, caminar por los pasillos de la iglesia sin ti a mi lado fue difícil, especialmente en un día que celebra el amor de la familia.

En los días previos al Día de la Madre, decidí organizar mi propia pequeña fiesta de autocompasión después de la iglesia para evitar las multitudes en los restaurantes y las miradas. Pedí una cena de bistec, con una papa al horno bien cargada, un pequeño pan caliente y postre para que me lo entregaran en casa. Era mi manera de ahogar mi soledad en comida reconfortante. Cuando la persona de entrega me dio la gran bolsa marrón, sonrió y me deseó un muy feliz Día de la Madre. Le di las gracias, luego cerré la puerta y lloré.

A lo largo de la tarde, hubo llamadas por «FaceTime» con los hijos y los nietos, cada una desde una zona horaria diferente. Para cuando llegó la última llamada, estaba emocionalmente agotada. Lo que comenzó como una conversación alegre se deshizo en un mar de lágrimas mientras luchaba con la garganta apretada para poder hablar. Me sentía frustrada por mis emociones, pero al mismo tiempo agradecida por el amor y la compasión de mi familia. Cuando colgué la última llamada, sentí una especie de alivio y decidí celebrar el hecho de haber logrado atravesar otra ocasión especial difícil en este camino de duelo. Terminé el pastel de lima.

¿Ha provocado el Día de la Madre una avalancha emocional en ti? Si es así, ¿cómo?

Día del padre

¿Qué haces cuando es el Día del Padre y tanto tu esposo como tu padre han muerto, y los padres de tus nietos viven en otras ciudades? Es la primera vez en mi vida que no tengo un padre en mi familia para celebrar en persona. Parece otro rastro que deja la muerte.

Una semana antes del Día del Padre, decidí ser proactiva para no quedarme sin saber qué hacer cuando finalmente llegara el domingo. Invité a dos amigas de muchos años a almorzar ese día. Ellas también son viudas y van un poco más adelante que yo en el camino del duelo. Puse la mesa para tres. Nuestros hijos adultos enviaron un hermoso arreglo floral para la mesa. Pedí una combinación de ensaladas y postre de un restaurante favorito de comida para llevar porque no quería cocinar. Le pedí a una amiga que hiciera la oración, porque todavía me cuesta orar sin romper en llanto.

Nuestro almuerzo de Día del Padre fue sencillo y sin complicaciones. Comimos. Recordamos a nuestros seres queridos. Nos despedimos con abrazos y un poco de emoción. A media tarde, comenzó a sonar mi teléfono. En lugar de llamar a su papá para desearle un feliz Día del Padre, mis hijos me llamaban para saber cómo estaba. Les dije que lo había logrado.

◊

¿Cómo te has preparado con anticipación para celebrar una ocasión especial? ¿Te has dado permiso para mantener las cosas simples y sin complicaciones?

Cuatro de julio

Durante los últimos quince años aproximadamente, el desfile del 4 de julio en nuestro pueblo se convirtió en nuestra tradición como pareja sin hijos en casa. Con nuestros hijos y nietos dispersos, normalmente éramos solo nosotros dos celebrando el Día de la Independencia. En la mañana del 4 de julio, nos vestíamos de rojo, blanco y azul y conducíamos hasta la ruta del desfile más cercana, colocando nuestras sillas plegables en un lugar con sombra, en la misma esquina cada año. Era donde nos sentábamos tanto para el desfile del 4 de julio como para el desfile de Navidad. Líderes cívicos locales, participantes habituales del desfile y amigos conocían nuestro lugar y siempre nos saludaban con un gesto especial. Luego, cuando pasaba el último participante del desfile, evitábamos la multitud tomando un camino alterno hacia casa, donde encendías la parrilla para nuestro almuerzo de celebración.

Ahora que estoy sola, me encuentro frente a un dilema. ¿Voy sola al desfile este año y me preparo para las miradas incómodas de simpatía de quienes pasan? ¿Le pido a una amiga que vaya y se siente en tu lugar?

¿Evito el desfile este año y espero hasta la noche, celebrando en privado en mi porche cuando comiencen los fuegos artificiales de la ciudad? ¿O este es el año en que debería viajar a algún lugar y hacer algo completamente diferente? A veces no hay buenas respuestas.

———◊———

¿Cómo has experimentado un dilema relacionado con una tradición festiva ahora que tu ser querido ya no está?

Nadar

Cuando nos mudamos a una casa más pequeña hace más de una década, dejamos atrás la piscina del patio donde nuestra familia pasó incontables horas en las tardes de verano. Cambiamos nuestra casa de dos pisos con un terreno amplio con vistas al lago por una casa nueva, más pequeña, con una piscina comunitaria de la asociación. Por mucho que amábamos nuestra casa grande, ambos nos sentimos aliviados de tener menos responsabilidades de mantenimiento al ir envejeciendo.

En esos años de nido vacío, a menudo tomábamos nuestras toallas de playa y flotadores y nos dirigíamos a la piscina comunitaria a primera hora de la mañana. Nos sumergíamos en el agua fresca antes de que el sol comenzara a calentar el día. Casi siempre éramos solo nosotros dos a esa hora tan temprana. Aunque hacíamos algunas vueltas para hacer ejercicio, en realidad íbamos a la piscina solo para flotar y conversar.

Desde que moriste, no he vuelto a la piscina comunitaria. Ni una sola vez. A veces lo pienso cuando paso por allí y la veo vacía. Es extraño cómo algo que antes me encantaba hacer ahora tiene tan poco atractivo. Tal vez, antes de que terminen los días calurosos del verano, vaya y me sumerja en el agua azul y clara. Tal vez flote en las aguas del duelo y simplemente respire. O tal vez no. Aún no lo he decidido.

◊

¿Cómo te has alejado de una tradición durante esta etapa de duelo?

Primer fuego de la temporada

Finalmente llegó el día, pero hay poco que celebrar. Es el día en que enciendo el primer fuego de la temporada de otoño. Después de veranos largos y sofocantes, siempre esperábamos con ilusión el cambio de estación. Tú mirabas el cielo en busca del primer grupo de gansos migrando hacia el sur. Cuando la temperatura finalmente bajaba hasta los cincuenta grados, ya era oficialmente lo bastante fresco para encender un fuego temprano en la chimenea, aunque solo fuera hasta que el sol calentara de nuevo la casa.

Cuando construimos nuestra casa de nido vacío, elegimos una chimenea con leños de gas para que fuera conveniente encender un fuego en cualquier momento. Claro, extrañábamos el aroma de la leña real, pero ninguno de los dos extrañaba cargar los troncos o limpiar las cenizas. La sencillez de un fuego sin complicaciones era perfecta para nosotros en esta etapa de la vida.

Hoy, al mirar la sala, todo parece igual que en años pasados. La manta de tartán familiar está extendida sobre el banco. El cuenco de madera hecho a mano está lleno de hortensias secas y cremosas de nuestro jardín. Una guirnalda de hojas otoñales cuelga sobre la chimenea de piedra y hay una calabaza sobre el suelo de la chimenea. La habitación está decorada, pero se siente vacía. Tú no estás aquí para compartir el ritual del cambio de estación. Al encender el fuego con un solo clic, me siento con el corazón hueco y los ojos húmedos a observar cómo bailan las llamas. Es una verdad difícil en esta temporada tan sensible, cuando las hojas caídas anuncian que se acerca el invierno. La vida incluye la muerte.

◊

¿Qué ha sido difícil del otoño para ti este año? ¿De qué forma el cambio de estación te ha traído consuelo?

Juegos de fútbol

La canción de apertura del Día de Partido me sorprende de repente y provoca recuerdos de temporadas pasadas de fútbol. Tú y yo disfrutábamos animando a nuestros equipos favoritos de la universidad y a los profesionales en casa. De hecho, ver el fútbol los fines de semana era parte del ritmo del otoño, como preparar un guiso y hornear un pan casero. Ahora estoy recostada sola en el sofá, viendo a los jugadores con camisetas conocidas en la pantalla del televisor. Como suelo hacer estos días, dejo escapar un suspiro. Ya no necesito gritar por el pasillo para recordarte que el saque inicial está a solo unos minutos. Tú no estás allí. Es una sensación tan extraña cuando recuerdo que no hay nadie con quien aplaudir cuando nuestro equipo anota un *touchdown*. No hay nadie con quien lamentarse por la intercepción o compartir nachos. Solo estoy yo, intentando integrar el duelo en esta temporada de fútbol.

¿Cómo ha sido el duelo una interrupción en el ritmo natural del otoño?

Halloween

Conducir por nuestra comunidad me recuerda que Halloween a menudo juega malas pasadas en un corazón en duelo. Hay esqueletos sentados en mecedoras y lápidas plantadas en los jardines. A solo unas cuadras, hay un espectáculo en un patio delantero con ataúdes, vampiros y la Parca blandiendo su sangrienta guadaña. Por donde miro, parece que hay imágenes ineludibles de muerte y descomposición en plena exhibición, incluso entre espantapájaros amigables y calabazas sonrientes.

Cuando nuestros hijos eran pequeños, Halloween era un momento divertido de hacer disfraces, tallar calabazas y pedir dulces. Tú acompañabas a los niños a las casas de los vecinos mientras yo me quedaba en casa entregando dulces a otros niños. Con los años, nuestros roles cambiaron. Yo seguía llenando las bolsas de dulces con tus barras de chocolate favoritas por si sobraban, pero tú te convertiste en el anfitrión de la noche de Halloween. Desde tu oficina, podías escuchar las voces de los niños subiendo los escalones hasta la puerta principal. Tomabas la cesta de dulces y abrías la puerta justo cuando gritaban: «¡Truco o trato!». Yo me sentaba en el sofá y escuchaba mientras comentabas sobre los disfraces únicos de los niños.

Ahora que Halloween está a solo un día, me encuentro en un tira y afloja de emociones ambivalentes. La verdad es que este año no me siento muy juguetona. La idea de responder alegremente a la puerta, incluso a los niños más adorables, me parece más intimidante que alegre. Sin embargo, no quiero convertirme en una recluida gruñona en una casa oscura. Este año, creo que resistiré la presión de ser una anfitriona jovial. En su lugar, colocaré una gran canasta llena de bolsas de dulces en el porche bien iluminado, junto con un cartel: «Por favor, toma una bolsa para que haya suficientes para todos». Luego, antes de que lleguen los primeros niños, iré a una habitación trasera de la casa a ver una película reconfortante y esperaré que las princesas y los piratas de alguna manera lo entiendan.

◊

¿Cómo ha impactado la celebración de Halloween en tu camino de duelo? ¿Te ha hecho reflexionar más sobre la muerte y la vida después de ella?

Día de Todos los Santos

Hace frío y llueve esta mañana de domingo. Ni siquiera el aroma de muffins de calabaza recién horneados y café logró levantarme el ánimo hoy. El clima parece un telón de fondo apropiado para este día que he temido durante un tiempo. En el Día de Todos los Santos recordamos a las personas de nuestra familia de la iglesia que han fallecido durante el último año. Siempre es un servicio solemne y significativo, pero hoy en la iglesia quedé devastada cuando vi tu foto llenar la pantalla grande. Escuché al pastor pronunciar tu nombre mientras encendían tu vela y sonaba una campana. Aun sabiendo qué esperar, me abrumó el duro recordatorio de que ya no estás.

Hace muchos años, cuando yo presidía el consejo de adoración de la iglesia, te pedí que hicieras un estandarte especial para el Día de Todos los Santos. Construiste un armazón alto en forma de T con varillas de madera gruesas, y yo até cintas largas y anchas de satén blanco, con pequeñas campanas cosidas en el extremo de cada cinta, una por cada persona de nuestra familia de la iglesia que había fallecido durante el año. Cuando el preludio la música se detuvo, el estandarte fue llevado al santuario en total silencio, interrumpido solo por el suave tintinear de las campanas. Siempre me ponía la piel de gallina, el recordar a los santos que nos precedieron.

Ahora tú eres uno de esos santos.

Aunque los rituales de nuestra iglesia en torno al Día de Todos los Santos han cambiado con los años, guardo con cariño el sonido sagrado de esas campanas llenando el silencio. De hecho, cuando falleciste, le di a cada miembro de la familia una pequeña campana para hacerla sonar mientras salíamos en procesión del santuario hacia el nártex en tu servicio de celebración de vida.

Hoy conduje de regreso a casa desde la iglesia y me puse mis jeans y sudadera favoritos. Me senté frente al fuego y escuché la melodía conmovedora de «*Pie Jesu*» mientras reflexionaba sobre cómo este día era, a la vez, desgarrador y reconfortante. Parecía que Dios intentaba decirme algo: «Esto, amada mía, es un buen duelo».

◊

Si tu iglesia celebra el Día de Todos los Santos, ¿qué sentimientos estás experimentando a medida que se acerca el día? ¿De qué maneras estás viviendo en esa tensión que podría describirse como un buen duelo?

Canastas de pavo

Mientras el recordatorio del domingo por la mañana sobre la campaña de Canastas de Pavo de la iglesia aparece en la pantalla de adoración, una inesperada ola de tristeza me invade. Es finales de octubre, pero en mi mente, esta campaña marca el inicio de la temporada navideña.

Durante muchos años, tú y yo íbamos juntos a comprar todos los alimentos sugeridos para la cena de Acción de Gracias de una familia con recursos limitados. Íbamos a la tienda después de la iglesia y marcábamos cada artículo de la lista, y luego añadíamos algunas servilletas decorativas y adornos otoñales. Como ya no comprábamos para nuestra propia cena de Acción de Gracias, la idea de proveer comida para otra familia se convirtió en una tradición favorita. El año pasado, el lunes antes de Acción de Gracias, como en años anteriores, cargaste la pesada canasta hasta el auto y la llevaste a la iglesia, donde jóvenes voluntarios las subían a un camión con destino a familias del centro de la ciudad.

Ahora que ya no estás, me encuentro inventando excusas mentales para no preparar una canasta de pavo. «Es demasiado pesada. Es demasiada molestia para una sola persona. Es un gran detonante emocional». No estoy segura de por qué comprar los ingredientes para una comida de Acción de Gracias parece tan abrumador este año. ¿Qué tienen que ver las judías verdes, las batatas y un pavo congelado con el duelo? Estoy aprendiendo mucho. Afortunadamente, descubrí que se aceptan donaciones monetarias para apoyar este proyecto. Así que, en este Día de Acción de Gracias estoy haciendo una pausa en la tradición. Escribiré un cheque para el ministerio de Canastas de Pavo. El próximo año consideraré volver a hacer las compras.

◊

Al reflexionar sobre el Día de Acción de Gracias sin tu ser querido, ¿de qué manera podrías pausar una tradición para dar espacio a tu duelo?

Día de Acción de Gracias

A ti te encantaba la comida reconfortante, así que no es de extrañar que el Día de Acción de Gracias fuera uno de tus días favoritos del año. Era una fiesta de comida que ofrecía conversaciones familiares alegres, partidos de fútbol y sobras para varios días.

Cuando nuestros hijos eran pequeños, nuestro hogar era el escenario de la cena de Acción de Gracias con la familia extendida. Tú me animabas mientras intentaba perfeccionar el relleno de pan de maíz de mi abuela. Con los desfiles navideños sonando en la televisión de fondo, me ayudabas a limpiar la cocina y a encender las velas antes de que todos llegaran.

Después de que nuestros hijos tuvieron sus propios hijos, nuestra familia descubrió que era más fácil viajar a sus casas, ya que teníamos más tiempo y menos limitaciones. Así que hacíamos las maletas e íbamos a celebrar con ellos. Por lo general, conducíamos por carreteras panorámicas hacia la casa de nuestro hijo en la región montañosa de Texas, pero el año pasado fuimos a la casa de nuestra hija en California. La noche antes de Acción de Gracias, compartimos una cena familiar única con los hijos y los nietos en una yurta privada, iluminada con velas, en la región vinícola. Dondequiera que estuviéramos para Acción de Gracias, contábamos la bendición de simplemente estar juntos.

En mi corazón, sé que Acción de Gracias y la gratitud van juntos como el pastel de calabaza y la crema batida. Hay innumerables cosas por las cuales estoy agradecida este año, pero tu ausencia no es una de ellas. El duelo proyecta una sombra larga sobre toda la temporada festiva. Esta mañana estoy conduciendo hacia la casa de nuestro hijo. Es un viaje solitario, con demasiado tiempo para pensar. Este año hice un postre diferente. Ojalá estuvieras aquí para disfrutarlo. Miraré alrededor de la mesa y estaré agradecida por el amor en cada rostro. Sin embargo, mi corazón necesitará tiempo para alcanzarlo.

◊

¿Qué cosas agradeces incluso en esta temporada de duelo? ¿De qué manera tu corazón podría necesitar tiempo para ponerse al día?

Calcetines navideños

Durante la última década, simplificamos nuestra forma de decorar para las fiestas. Logramos reducir las decoraciones a lo que cabía en los clósets, para que no tuvieras que subir y bajar las escaleras del ático cargando cajas pesadas. Ahora mi colección de muñecos de villancicos y mi nacimiento de estilo artesanal están fácilmente accesibles en un estante del clóset de mi habitación. Los grandes moños rojos para las guirnaldas exteriores cuelgan en un clóset del pasillo. El señor y la señora Santa descansan bajo las escaleras del ático, esperando el momento de colocarse a ambos lados de la chimenea, como lo han hecho durante más de cincuenta años.

En el estante superior del clóset de mi habitación hay una caja de regalo gastada por el tiempo que guarda una docena de medias navideñas hechas a mano, ya ensartadas en un largo cordón de seda previamente medido. Están listas para colgarse sobre la chimenea en cuanto termina el Día de Acción de Gracias. A medida que nacía cada hijo y cada nuevo miembro político era bienvenido a la familia, yo cosía a mano y personalizaba otra media navideña con su nombre, y la añadía al cordón de seda. A medida que nuestra familia crecía con los años, simplemente iba acercando más las medias entre sí. Durante los últimos quince años, aproximadamente, cuando viajábamos para estar con nuestra familia extendida en Navidad, me ayudabas a descolgar las medias de nuestra casa para volver a colgarlas en la casa de alquiler. Apenas unas semanas después de que falleciste, nuestra hija preguntó por las medias navideñas. Quería asegurarse de que tu media permanecería en la fila de las medias de la familia ese año, como siempre había sido.

Hoy abrí la caja y alcancé a ver tu media encima de todas las demás. Toqué el fino cordón dorado que formaba tu nombre. Las lágrimas rodaron por mis mejillas mientras la levantaba para colgarla sobre la chimenea. Tomando prestada una expresión de una amiga, fue uno de esos momentos agridulces.

◊

¿Qué momentos agridulces estás experimentando en Navidad?

Tren en miniatura

Aún recuerdo la Nochebuena en que recibiste el tren en miniatura como regalo de mi hermano y mi cuñada. Cuando me preguntaron qué podían regalarte ese año, pensé espontáneamente en un regalo muy deseado que nunca recibiste de niño. Tenías casi sesenta años, pero tus ojos brillaban como los de un niño de seis cuando abriste la larga caja con el tren. ¡Fue una gran sorpresa! Cada año dedicabas una tarde a sacar de la caja las vías del tren y cada uno de los vagones y a armarlo en el centro de nuestra larga mesa del comedor. Con el tiempo, añadiste pequeños árboles de pino, casitas victorianas y fachadas de tiendas, una oficina de correos y una iglesia. Te sumergías en tu propia fantasía y yo observaba la alegría infantil en tu rostro mientras manejabas los controles para hacer que el tren avanzara por tu pueblo invernal.

Ahora que el Día de Acción de Gracias ha pasado, he quitado las calabazas y las bayas otoñales de la mesa del comedor. El tren sigue guardado en el clóset de tu oficina, esperando mi decisión. ¿Lo armo este año? Es un recordatorio tan delicado de tu ausencia. ¿Montar el tren me haría sentir mejor o peor? Tal vez lo deje en su caja dentro del clóset y espere a otra Navidad, cuando alguno de los nietos pueda continuar la tradición. El duelo es un enigma tan extraño. ¿Qué tradiciones navideñas conservo? ¿Cuáles dejo ir, pospongo o adapto? ¿Cuáles nuevas incorporo?

¿Qué tradiciones navideñas asocias más con tu ser querido? ¿Cuáles planeas conservar? ¿Cuáles cambiarás o dejarás? ¿Cómo tomarás esa decisión?

Recuerdos de Navidad

Regalé nuestro gran árbol de Navidad y compré uno más manejable de mesa. No había manera de que pudiera montar aquel árbol alto yo sola, y, para ser honesta, ni siquiera quería intentarlo. Probablemente nadie notaría si este año no pusiera árbol, pero la idea de no tener ningún árbol de Navidad me entristecía. Así que compré un árbol pequeño con luces integradas, lo coloqué sobre la mesita de mi abuela, enchufé las luces y acomodé las ramas. Fue entonces cuando me di cuenta de que los adornos del árbol anterior eran demasiado grandes para este árbol más pequeño. Por un momento consideré dejarlo sin adornos, porque así es como me siento. Entonces tuve una chispa de inspiración. Pensé en las campanas del servicio de celebración de tu vida, esas pequeñas campanas que nuestra familia hizo sonar mientras caminábamos por el pasillo al final del servicio. Colgué las campanas en el árbol y sonreí para mis adentros, recordando cuánto te gustaba la Navidad.

Cuando nos casamos, tú solo traías unas pocas tradiciones navideñas propias. Luego te introduje a mi gran y amorosa familia extendida, con nuestra letanía de tradiciones festivas. Después de solo un año de ser anfitriones de las celebraciones familiares, te entregaste por completo a la Navidad.

Esta semana envié tarjetas navideñas, pero tuve que incluir una nota sobre tu fallecimiento. Colgué las medias sobre la chimenea, pero tuve que contratar a alguien para que me ayudara a colocar la guirnalda y los lazos rojos en el porche. La próxima semana haré pralinés y bolitas de mantequilla de maní, pero me duele que no estés aquí para tomar una a escondidas al pasar. Todo en la Navidad se siente familiar y, al mismo tiempo, terriblemente desconocido. La música navideña que antes me hacía cantar en el carro ahora a veces me hace llorar. Colocar las luces en la casa, que antes era tan alegre, ahora se siente como una tarea pesada. Los recuerdos de Navidad están por todas partes esta temporada, y eso se siente tanto reconfortante como insoportable.

◊

¿De qué maneras los recuerdos de Navidad te traen consuelo en esta temporada de duelo? ¿En qué momentos se sienten insoportables?

Círculo familiar

He intentado prepararme para este momento de Nochebuena, pero sabía que era un esfuerzo inútil. Mirar los ojos brillantes de nuestra familia extendida reunida en círculo para orar y cantar «Noche de Paz» es una sobrecarga sensorial total. Incluso en años pasados, cuando estabas a mi lado, a menudo se nos llenaban los ojos de lágrimas mientras pasábamos la luz de la vela alrededor del círculo familiar. Esta noche no estás aquí para estar conmigo entre los hijos y los nietos, los tíos y tías y los primos. No estás aquí con tu suéter navideño ni con la corona de papel de los regalos festivos. Aunque es doloroso, deseo y necesito profundamente estar en este círculo familiar. Esta noche cantamos, aunque nuestras voces se quiebren. Pasamos la luz, aunque nuestras manos tiemblen. Es una tradición que debe continuar. Es un momento de enseñanza para las generaciones más jóvenes. Como familia, reconocemos nuestra pérdida y damos gracias a Dios por el Niño Jesús. Reímos y lloramos porque nos amamos profundamente unos a otros.

¿De qué manera estás aceptando el dolor de forma consciente estas Navidades?

Nuestro aniversario de bodas

Ya casi es nuestro aniversario, y no sé a dónde ir ni qué hacer. En años anteriores, siempre planeábamos una cita especial para visitar «nuestro árbol»: un antiguo roble con una rama grande que se inclinaba hacia el suelo. Hace mucho tiempo, nos casamos bajo ese árbol, en el césped de una histórica propiedad con vista a un lago urbano. Una vez describiste nuestra boda como simple, pintoresca y perfecta y estoy de acuerdo. Ahora no encuentro la motivación para volver a nuestro árbol.

A lo largo de las décadas, hablamos de cómo el árbol era un paralelo a nuestras vidas que envejecían. Cada año, la rama se inclinaba un poco más hasta que finalmente los jardineros tuvieron que construir un soporte para ayudar a sostenerla. Aun así, el árbol sigue siendo majestuoso y acogedor.

Para nuestro aniversario este año, amigos y familiares han ofrecido acompañarme al árbol. «Todavía no», digo. No estoy lista para ver el hermoso árbol antiguo sin ti a mi lado. En cambio, pasaré el día revisando todas las fotos que tomamos mientras visitábamos nuestro árbol a lo largo de los años. Eso es lo mejor que puedo hacer este año.

¿Cuál era tu tradición de aniversario? ¿Cómo planeas celebrar tu aniversario de bodas, o prefieres no detenerte en esa fecha?

Tu cumpleaños

Hoy es tu cumpleaños. Estoy sola en casa con un *cupcake* y una vela.

Aunque nuestros amigos y familiares amablemente se ofrecieron a acompañarme hoy, elegí celebrarlo por mi cuenta, haciendo cosas que a ti te encantaban. Tal vez estoy haciendo que sea un día emocionalmente difícil a propósito, pero de alguna manera se siente correcto.

Comencé el día haciendo tus *waffles* de nuez pecana y tocino favoritos. Sonreí mientras vertía una generosa porción de jarabe de arce encima, tal como tú siempre lo hacías. Luego silencié mi teléfono y puse tu película favorita, sabiendo que las lágrimas brotarían cada vez que escuchara alguna de las líneas que habías memorizado de tanto verla. Esta tarde abrí el libro de recuerdos con historias que habías escrito sobre tu vida, realizado mediante un servicio en línea, un regalo de nuestros hijos y nietos. Volví a leer cada historia y admiré las fotos antiguas una y otra vez. Después, revisé las fotos en mi teléfono, encontrando imágenes de tus cumpleaños en años recientes. Estaba la foto que nos tomó un desconocido durante una cena en un resort histórico. Otra de tu cumpleaños durante la pandemia, cuando nos aislamos en una cabaña en Oklahoma. Y otra de nuestro nieto menor sentado en tu regazo, leyendo tu tarjeta de cumpleaños, mientras celebrábamos en familia en California.

Durante todo el día, he sentido el vacío de saber que las celebraciones de cumpleaños que compartimos se han terminado. Se fueron. Desaparecieron. Al mismo tiempo, hay un reconocimiento de que tus años estuvieron llenos de significado y de amor. Y aunque es difícil aceptar que te has ido, eso también es algo para celebrar.

◊

¿Cómo celebrarás el cumpleaños de tu ser querido que ha fallecido?

Mi cumpleaños

Hace semanas, la familia me preguntó cómo podrían ayudar a celebrar mi próximo cumpleaños. Se ofrecieron a manejar o volar, solo para estar conmigo. La verdad, hubiera preferido saltarme mi cumpleaños por completo. No tenía ganas de celebrar. Estos meses tras tu muerte han sido muy difíciles y no esperaba con ilusión otra vuelta al sol sin ti a mi lado. Ni siquiera un montón de tarjetas de cumpleaños o los mensajes más dulces en redes sociales podrían sustituir tu manera de cantar «Feliz cumpleaños» mientras me traías una tarjeta y una taza de café a primera hora de la mañana. ¿Cómo puedo ser feliz cuando tú no estás aquí?

Ahora ha llegado mi cumpleaños y he decidido escapar del entorno familiar de casa. He manejado más de trescientos kilómetros para reunirme con parte de nuestra familia. Anoche me alojé en una suite de hotel con los nietos y disfruté de sus historias divertidas junto con las fotos digitales de sus vacaciones de verano y campamentos. Por un momento, olvidé que estaba triste. Su risa juvenil trajo tanta ligereza y alegría. Solo deseaba que pudieras haber estado allí para compartir ese momento.

Esta mañana, todos nos sentamos en un banco de la iglesia para el servicio dominical en la iglesia de mi hermana. La música, el mensaje y la hospitalidad llenaron mi alma reseca. Pero cuando nos pusimos de pie para cantar el himno final, mi garganta se apretó y las palabras no salieron. Solo incliné la cabeza y dejé que las lágrimas cayeran silenciosamente al suelo. Más tarde, nos sentamos alrededor de una larga mesa para el *brunch* de mi cumpleaños. Miré los rostros de estos seres queridos: hermano, hermana, hijo y nuera, nietos, sobrino y sobrina. Me llenaron cuando me sentía agotada, y eso es un gran regalo.

———◊———

¿Qué o quién te llena cuando te sientes agotado(a)?

Aniversario de tu muerte

El día de tu muerte ahora marca un recuadro en el calendario. Es una fecha que divide mi vida en dos partes: antes de tu muerte y después. Ahora que ha llegado el aniversario de tu fallecimiento, tengo una confesión: desearía que la gente no intentara animarme celebrando el hecho de que he llegado a este hito. Sí, he sobrevivido a todos los primeros momentos del año calendario tras tu muerte: el primer cumpleaños, el primer aniversario, la primera Navidad. Algunos casi se regocijan al decir: «¡Has superado todos los primeros momentos!». Sé que lo dicen con buenas intenciones, pero me frustran. No quiero ser felicitada por haber sobrevivido este último año. No quiero un trofeo por haber superado el último obstáculo del calendario. Celebrar haber pasado todos los primeros momentos se siente como un menosprecio, como si el dolor de alguna manera desapareciera milagrosamente al cruzar la línea de llegada en el aniversario de tu muerte.

Sin embargo, estoy agradecida por quienes recuerdan el aniversario de tu muerte. La mayoría de las personas están ocupadas con sus propias vidas y hace mucho tiempo olvidaron el significado desgarrador de este día para mí. La vida continúa siendo un tira y afloja de emociones contradictorias. Una cosa sé con certeza: el duelo no consiste en superar todos los obstáculos del primer año. Es aprender a abrazar la vida cada día sabiendo que la alegría y el dolor siempre estarán entrelazados. Algunas personas dicen que el segundo año es incluso más difícil que el primero porque el impacto inicial de la pérdida y la muerte va disminuyendo. Mañana seguiré sintiendo punzadas de dolor a lo largo del día, pero seguiré avanzando.

¿Cómo puedes sacar el máximo provecho del resto de los días de tu vida?